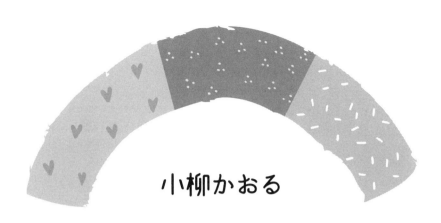

小柳かおる

第二言語習得について
日本語教師が
知っておくべきこと

Kurosio
くろしお出版

まえがき

　第二言語習得という分野は，近年，実験や調査の方法，統計手法など，研究方法がより緻密になり洗練されて，理論的に大きな発展を遂げているように思います。第二言語習得にはさまざまな理論やアプローチがありますが，なかでも，教室学習者を念頭に，習得のプロセスやメカニズムを探ろうとする分野の研究は，外国語教育に大いに貢献し得る分野です。しかし，高度に進んでいく研究動向に，研究者として大いに刺激を受ける一方で，第二言語習得の最先端の研究と，外国語教育の実践の場にはますます大きな隔たりができているようにも思います。

　幸い，筆者はここ数年で，教室習得研究の動向を調べ上げ，筆者なりの解釈，考察をまとめて，くろしお出版から2冊の専門書『認知的アプローチからみた第二言語習得』（2016年，峯布由紀氏との共著）と『第二言語習得の普遍性と個別性』（2018年，向山陽子氏との共著）を出版することができました。そこで，一度立ち止まり，第二言語習得研究から，教育現場の日本語教師に向けて現時点で言えること，教室活動について推奨できることをまとめようと思ったのが，この本の執筆のきっかけです。

　教室習得研究という分野は海外，特に欧米で盛んなので，発表される文献はほとんど英語で書かれています。日本語教育の世界では，早くから日本語教育に寄与し得る第二言語習得研究が必要だという声が上がっていたにもかかわらず，特に国内では言語習得のメカニズムを解明しようという機運にはなっていないように思います。それで，本書の主張を裏付ける論文も，ほとんど英語で書かれた欧米語の習得に関する論文が主となっています。でも，習得のプロセスやメカニズムには普遍性がありますから，日本語学習者にも該当するものだと思っています。

本書は，第二言語習得の研究者志向では必ずしもないけれども，外国語教育に役立つと言われている習得理論で，今どんなことが言われているのか，日本語教育にどう生かせるのかを知りたいという方を対象にまとめました。これから日本語教師を目ざす方にも最初に読む第二言語習得の本として読めると思いますし，現職の教師が，本書を読んで教室活動を見直してみようと思うきっかけになったら，こんなにうれしいことはありません。もちろん，研究自体に興味を持って，第二言語習得の概論書へと読む進める方が出てくれたら，それも大いに歓迎します。本書は専門書を意図していないので，読みやすさを重視して，本文中に研究を引用することはできるだけ避けつつも，実証があるという証拠として脚注に主要文献の引用を示しました。

　まず，第1章では，学習者が習得すべき言語能力をどうとらえるべきか，また言語を使う，言語を学ぶとはどういうことなのかを考えてみたいと思います。第二言語習得を促進する教室活動を考えるにあたり，まずはおさえておきたいポイントです。第2章では，第二言語習得において，良くも悪くも学習者言語の発達に影響を及ぼす要因を考えてみたいと思います。学習者の発達段階には教師が介入して変えることができないプロセスが存在します。学習者自身が持つ特性（年齢，認知的能力や性格など）も習得に複雑に絡んでいます。また，教え方次第で学習成果が異なってくる可能性もあります。そのような要因を一つ一つ見ていきたいと思います。第3章では，第1章と第2章を踏まえた上で，教師が教室でできることを考えます。第二言語習得の知見に基づくと，教室活動の一つ一つに，なぜやるのかという意義を見いだすことができると思います。

　本書は，くろしお出版の編集者の池上達昭氏の「専門書を書き終えたところで，日本語教育の現場の先生に向けて，第二言語習得研究から言えることを書いてみませんか？」というサジェッションから生まれました。2冊の専門書に引き続き，今回も編集作業では大変お世話になりました。あらためて感謝申し上げます。

　筆者は，2018年9月から1年間，フランス国立東洋言語文化大学（INALCO）で特別招聘研究員として過ごし，本書の大部分をパリで執筆しました。滞在中，ヨーロッパで日本語教育に携わる方々との交流もあり，ヨーロッパの日本語教育ではお膝元だけあって，ヨーロッパ言語共通参照枠

（Common European Framework for References：CEFR）への取り組みが進んでいることを知りました。CEFR が目ざしていることは，第二言語習得から提唱されている教授法に相通じる点が多いように思います。第二言語習得研究から教育現場に提言するという方向性のみならず，現場の問題を解決しようとする試みに対して，第二言語習得理論から意味づけ，理論的な肉づけをするという反対の方向性もあるのではないかということも実感しました。本書が日本語教育現場で新たな議論を生み出し，より良い日本語教育が行われることを願ってやみません。

2019 年 9 月

著　者

目　次

まえがき ii

第 1 章　第二言語習得（SLA）研究の意義

1. 学習者が習得すべき言語能力とは？ 2

2. 言語を使うとはどういうことか？ 6

3. 言語習得過程では何が起きているのか？ 10

4. 外国語教育のあるべき姿とは？ 16

5. 第二言語習得研究って何？ 19

第 2 章　外国語の定着を阻む要因

1. 学習者の習得過程はみな同じか？ 24

2. 学習者の言語は右肩上がりに発達するか？ 31

3. 母語はどれほど干渉するのか？ 35

4. 頭がいい人が外国語もできるのか？ 40

5. 外国語学習の才能は存在するのか？ 44

6. 外国語学習の適性は訓練可能か？ 49

7. やる気があれば最後は言語習得に成功するか？ 54

8. 学習者の動機づけを高めることは可能か？ 59

9. 外国語の学習を始めるのは早ければ早いほどいいのか？ 65

10. 学習者の性格や学習スタイルの好みは
　　　　　　　　　　　外国語学習に影響するか？ 72

11. 教え方によって習得に差が出るのか？ 76

第3章　教室で教師ができること

1. 教室でやるべきは，まず文法か？ 84

2. 文法説明は必要か？ 91

3. インプットは十分に与えられているか？ 98

4. インプットとアウトプットはどちらが重要か？ 104

5. 文法ドリルは習得を促進するか？ 111

6. タスクって何？ 118

7. ペアワークやグループワークは何のため？ 123

8. 教師のフィードバックは有効か？ 127

9. 正確さと流暢さ，複雑さのバランスをどう取るか？ 133

10. 何をもって定着したと見なすか？ 139

11. 4技能のバランスをどう取るか？ 143

12. 習得を促進する教授法とは？ 152

参考文献 157

索引 167

第1章

第二言語習得（SLA）研究の意義

1 学習者が習得すべき言語能力とは？

　日本語教師は自らも過去に外国語学習者だった経験がありますから，学校の授業を通して，もっと実践的に使えるような外国語の運用能力を身につけたかったと思っている人も多いと思います（中には外国語の良い教育を受けたという成功体験のある人もいるかもしれません）。第二言語習得の具体的な話に入る前に，まず言語能力をどうとらえるべきか，そして，どんな言語能力を学習者に身につけさせるべきか，つまり第二言語習得のゴールはどこにあるのか，考えてみましょう。

　チョムスキーが「**言語能力**（competence）」と「**言語運用**（performance）」を区別していたことは有名です。チョムスキー派の理論言語学では，理想的な母語話者が有する言語知識を「言語能力」と定義し，これこそが言語学で科学的に研究すべき対象だとしていました。言語運用は，母語話者でも言い淀んだり文がねじれたり，文法的でない文を発する可能性があるので，科学的に研究する対象ではないと考えたのです。しかし，外国語を学ぶ際にはだれしも，言語能力よりむしろ，本当の言語運用能力を身につけたいと思うのが常ではないでしょうか。とはいえ，今でも言語能力，すなわち文法を教えることに熱心な外国語教師は多いです。したがって，言語知識からどのように**言語運用能力**が派生するのか，言語運用能力とはどのようなものか，そして，どうやったら習得されるのかを理解しておくことは，とても重要だと考えます。

　今では，**コミュニカティブ・アプローチ**という教授法の用語を知らない外国語教師はほとんどいないと思いますが，このアプローチが目ざしているのは，「**伝達能力**（communicative competence）[1]」の習得です。つまり，現実の意味あるコンテクスト（文脈）において，コミュニケーションできちんと相手と意思疎通ができるような言語運用能力の育成が求められています。コミュニカティブ・アプローチは口頭能力を想定して使われることが多い用語ですが，読み書きにおいても，読んだ情報を用いて次の行動に出るとか，ま

1　Canale & Swain（1980）

とまった長さのものを書いてほかの人に何かを伝えるというような伝達能力が発揮されなくてはなりません。

　伝達能力は，文法能力，談話能力，社会言語学的能力，および方略的能力から構成されるものだとされています。文法は昔から外国語教育の中心にあったように，文法能力が含まれるのはもちろんですが，この中には語彙や音韻規則などに関わる能力も含まれます。談話能力とは，一文をこえた文と文の関係を理解し，まとまった長さの語りや書かれたテキストを産み出す能力です。社会言語学的能力は，目標言語が用いられる文化や社会，場面の中で適切にコミュニケーションができる能力のことです。さらに，方略的能力という会話を維持する能力も伝達能力の一部ととらえられています。この中には，コミュニケーションの挫折が起きたときに，それを修復するストラテジーや，コミュニケーションをより効果的に行うためのストラテジーが含まれています。

　当初，伝達能力の定義は概念的で，4つの構成要素がどのように連係して言語運用に至るのかは説明されていませんでした。しかし，言語テスティングの研究者[2] から，伝達場面での言語使用の心理面も考慮して，どのように言語運用がなされるかが示されています（図1-1参照）。このモデルでは，方略的能力が中心に据えられています。方略的能力は，状況を査定し，持ち得る能力を駆使して伝達意図をどう伝えるかをコントロールする役割を担っているのです。かしこまった場面なのか，くだけた場面なのかで話者の緊張度は異なり，言語運用は心理面，生理面からの影響も受けます。その中で自らの有する言語能力を使って，どのような言語運用をするのかをプランニングしたり，それをモニターするような役割も，方略的能力は含んでいます。言語能力（言語の知識）は，伝達能力の中の方略的能力以外の3つの能力を含んだものとしてとらえられています。また，言語運用には，言語知識だけではなく，話題に関する背景知識なども影響するので，それもモデルに組み込まれています。

　コミュニカティブ・アプローチという用語が教育現場に浸透するとともに，日本語の教科書も文型を導入して練習するだけでなく，文型が使われる場面が考慮されたり，モデル会話の中であいづちやフィラーが使われ自然な会話にするなど，ずいぶん工夫がなされるようになりました。でも，本当に

2　Bachman（1990）

伝達能力が身についているのか，そもそも，どうやったら伝達能力が身につけられるのか，実はあまり理解されていないのではないかと思います。

　アメリカで日本語を教えているある先生が，提携校である日本のいくつかの大学を訪問したときのことです。提携校の先生から口々に言われたのが「教室の外に出ればいくらでも日本語を使う機会があるので，教室でやるべきは，やっぱり文法と読解なんですよ。」ということだったそうです。海外では日本語との接触機会がかぎられるので，日本では実社会と結びつけて，さぞかし面白い授業をやっているのだろうと思っていたら，期待はずれだったというわけです。

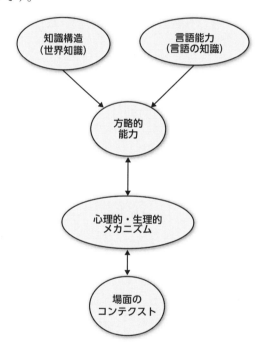

図 1-1　伝達的言語使用における伝達言語能力の構成

（Bachman, 1990; 小柳, 2004 訳）

　また，日本語教師の多くは，自分の受けた英語の授業がモデルになっているからか，文法と読解以外の教え方がわからないのかもしれません。実際，今でも会話をどうやって教えたらいいかわからない，どう評価したらいいか

わからないという声を聞くことがあります。また，読解も本当の意味での読解が教えられているか，解読になっていないかと疑問に思うこともあります。

　教室の中で文法を教え込み，教室の外で学習者に勝手に練習してもらうというのは，教室で正確さを，教室の外で流暢さを身につければ良いという考え方です。では，教室では正確さと流暢さは両立しないのでしょうか。確かに，コミュニカティブ・アプローチが広まったときには，初級では正確さを，中級以上になったら徐々に流暢さも重視すべきというような議論がなされるなど，いつも正確さと流暢さの間で振り子が揺れていました。でも，今，第二言語習得研究で目ざそうとしているのは，**正確さ**と**流暢さ**を同時に身につけることです。

　それに加え，新たに**複雑さ**も重視されるようになっています。複雑さとは，複文が使えるといった構文的な複雑さと，多様な語彙や抽象語彙まで使いこなせるといった語彙的な複雑さが含まれます。正確さと流暢さのみだったら，学習者はやさしい構文と語彙で正確に流暢に話し続けることができるかもしれません。でも，習得という観点から見ると，複文やさまざまな語彙や表現を使いこなせてこそ習得のレベルが上がったと言えるので，複雑さも加わっているのです。

　このような伝達能力がどうやったら習得されるかを考えるには，まず，ことばを使うとき，また，ことばを学ぶとき，頭の中で何が起きているのか，そのメカニズムやプロセスを理解しておくことはとても重要だと考えます。次節では，言語を使うというのはどういうことか，その心理言語的なプロセスを見ていきたいと思います。

ここがポイント！

● 学習者が身につけるべきは，本物の伝達能力，言語運用能力である。

● 言語運用では，持ち得る言語知識や世界知識を駆使する中で，場面や状況を判断し，言語運用をプランニングしたりモニタリングする方略的能力が重要になる。

● 伝達能力は，正確さ，流暢さ，複雑さがともなったものである。

2　言語を使うとはどういうことか？

　言語を使うことを，心理言語学や認知心理学では「**言語処理**（language processing）」と言っています。コンピュータが情報の**インプット**を基に何らかの計算をして出来高，つまり**アウトプット**を出すように，ヒトの頭の中の働きも情報処理の仕組みでとらえることができます。インプットは必ず感覚器官を通じて入り，アウトプットは運動器官によって外に出されます。たとえば，野球のピッチャーがボールを投げる瞬間に，バッターは球種や球の軌道を読み取り，瞬時に体で反応してボールをバットに当てようとします。このような情報処理は，視覚から入る情報を使って，まさに体の運動で反応をしているという典型的な例です。言語のインプットは，聴覚から，あるいは視覚から入ります。言語のアウトプットが運動というとピンと来ないかもしれませんが，言語のアウトプットも調音・構音器官の運動という形で，インプットを処理した成果を外に出しているのです。

　心理言語学の研究[3]では，母語話者の言い間違いの研究から，言語使用の処理過程が明らかにされています。このモデルは第二言語にもしばしば適用されますので，紹介しておきたいと思います。この研究では，母語話者が言い間違いをした事例を集め，その上で，さらに意図的に言い間違いをさせるような実験を繰り返しました。そして，言い間違いは言語の同じ単位のレベルで起きていることを突き止めました。たとえば，言おうとしていた単語と類似する音の単語が耳から入ってきたら，それに影響されて，本来の単語の音がひっくり返ってしまった，というようなケースです。言い間違いは音韻レベル，語彙レベル，文法レベルと，干渉する要素と同一の言語レベルで起きるということがわかったのです。それは，すなわち，言語がそれぞれのレベルで独立してプランニングがなされている証拠だとされました（図 1-2 を参照）。

　言語産出においては，まず頭の中で何らかの**伝達意図**が浮かび，メッセージが生成されます。これは，まだ概念的な曖昧模糊としたものです。それが

3　Levelt (1989, 1993)

形式処理部門に送られ，メッセージの概念に相当する語彙を呼び出し，文法的な語順に並べ，それに音韻形式を付与します。そこから調音器官に指令を出し，音として外に出されます。**言語理解**のプロセスは，言語産出とは反対に，スピーチの音を分析するところから始まり，音の形式が認識できると，それに対応する語彙を呼び出し，文法的な分析がなされてメッセージの内容が理解されます。言語理解は音の分析で始まるボトムアップのプロセスに加え，場面やコンテクストなどの状況や背景知識を用いて理解を補うトップダウンのプロセスもあるので，矢印が双方向についています。

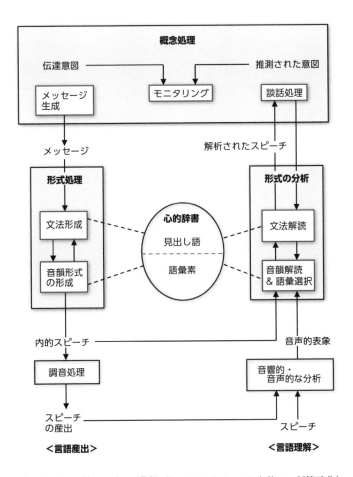

図 1-2　言語使用の処理過程 (Levelt, 1993, p. 2 を基に一部簡略化)

　会話の場合は，言語産出と言語理解のプロセスは同時に働いており，相手の発話を理解しながらも，次に話そうとすることのプランニングは始まっています。また，聞き取った内容によっては，次に話そうと考えていた内容を，発話する前に再調整することもあります。このように，さまざまな計算が頭の中で，ミリ秒単位で瞬時に並行的になされる言語処理は，複雑で高次の認知活動だと考えられています。

　図1-2の中で，四角で囲まれた部分は**手続き的知識**を，丸で囲まれた部分は**宣言的知識**を表しています。手続き的知識というのは，物事の手順やスポーツや楽器のようなスキルに関する知識で，体で覚えているような知識のことです。一方，宣言的知識というのは，言語化できる事柄に関する知識のことです。個人の過去の出来事に関する記憶は，典型的な宣言的知識です。図1-2を見ると，言語処理において宣言的知識が用いられるのは，心的辞書という，頭の中で語彙が貯蔵されているところのみです。意味情報に相当するのが見出し語で，音の形式あるいは文字の形式の情報が語彙素に入っています。私たちは，つづりは見たことがあるけれど意味が思い出せない，とか，こういう意味の単語があったという記憶はあっても，単語の発音が出てこないというような経験をすることがあります。それで，見出し語と語彙素は頭の中で別々に格納されていると考えられています。

　言語処理は，全体的には手続き的知識に基づいて動いていると言っていいと思います。文法を記述した知識は，言語学では**メタ言語的知識**と言い，宣言的知識に含まれるものだと考えられています。教室では，ことばにして詳細な文法の規則を与えることがありますが，言語処理のプロセスには，そのような宣言的知識が使われるところはありません。心的辞書の見出し語に含まれる意味情報には，文法情報も含まれますが，それは，動詞だったら名詞をいくつ取るかといった必要最低限の文の組み立てに必要な文法情報のみです。

　母語話者は，言語産出においてどんなメッセージを伝えたいかは意識的に考えることが多いですが，伝達意図が決まれば，それに続く文法形式や音韻形式の形成は自動的に処理が進みます。第二言語の学習者も，基本的には同じプロセスで言語処理を行っていますが，学習者の場合は，語彙や表現が不足していたり，文法や音韻の処理が自動的に行えないので，この言語処理システム自体をうまく動かせないのです。第二言語の教室では，この言語処理

システムをいかに自動的に動かせるようにするかが究極の目標になるべきだと思います。それが，本当の言語運用能力が身についたということにつながるはずです。

- ●言語を使う，すなわち，言語処理は複雑で高次の認知活動である。
- ●言語産出はまず何かの伝達意図がありメッセージを生成するところから始まる。母語話者はメッセージ生成を意識的に行うが，後の文法形成や音韻形式の形成のプロセスは自動的に起きる。
- ●第二言語の学習者にも基本的には母語話者と同じ言語処理のシステムが働いているが，語彙が不足していたり，文法や音韻処理が自動化されていない場合はうまく機能しない。
- ●言語処理における文法処理では，教室の文法説明で与えられるようなメタ言語的知識が直接使われることはない。
- ●言語処理のシステム自体は，スキルや物事の手順に関する知識である手続き的知識により動いている。
- ●言語処理のシステムが自動的に機能するようになることが，言語運用能力の習得につながる。

3　言語習得過程では何が起きているのか？

　前節で言語処理のシステムが手続き的知識というスキル的な知識に支えられて動いていると述べました。言語習得も，そのようなスキル的な知識の習得としてとらえられます。そして，そのような知識の習得を促進するには，**暗示的**な学習メカニズムが働く必要があると考えられています。暗示的というのは，とにかくやってみて体得していくような体験学習的なメカニズムです。対照的に，**明示的**な学習メカニズムでは，規則の提示から始まりそれを適用するタイプの学習が行われます。前節では手続き的知識という用語を使いましたが，暗示的な学習メカニズムで得られる**暗示的知識**は，手続き的知識とほぼ同義語だと言っていいでしょう[4]。

　暗示的学習のメカニズムは，母語を習得する子どもをイメージするとわかりやすいと思います。子どもはだいたい 1 歳頃から話し始めますが，それまでに周囲で話される大人の発話をたくさん聞いています。親の声かけは，最初は単なる音の連なりとして聞こえていますが，やがて，どこが音の切れ目なのか，どういう意味を表しているのかを理解していきます。習得とは，言語形式と意味／機能の**マッピング**，すなわち結びつけていくプロセスだと考えられています。結びつきが強くなれば，それだけ，意味／機能とマッピングされた言語形式を自由に流暢に使えるようになります。

　このような暗示的学習では，子どもの頭の中には，インプットから得られた用例が蓄積されています。子どもと親とのやりとりは，意味あるコンテクストの中で行われるので，それをヒントに，用例の蓄積の中から，子どもは，言語形式と意味／機能の関係について何らかの規則性やパターンを見いだしていくのです。また，子どもは，とても高度な統計学習を行っているとも言われています。インプット中の特定の言語形式が現れる頻度や，その言語形式が生じる分布のパターンについて，高度な計算をしていると考えられているのです。

4　厳密には「宣言的／手続き的」は長期記憶にある知識の形態により区別して用いられるが，「明示的／暗示的」は，アウェアネスの有無で区別したものである。

　このような暗示的学習メカニズムで習得をとらえる見解を，「**用法基盤的 (Usage-Based) アプローチ**[5]」と呼んでいます。インプット中の用例にたくさん出会う中で，体験的に学習して，帰納的に規則性にたどりつくという学習メカニズムにより，言語が習得されると考える理論です。トマセロという研究者[6]は，自分の娘の母語の習得過程を記録して，「動詞－島仮説」を提案しています。チョムスキーが考えるような言語習得専用の何らかの装置が頭の中にあって，その中の規則を適用するのであれば，過去形の -ed も進行形の -ing も一斉にどんな動詞にも適用できると考えられます。

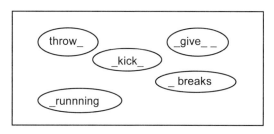

図 1-3　動詞－島仮説（Tomasello, 1992 に基づく）

　ところが，図 1-3 のように，実際には，それぞれの動詞に固有の用法があって，最初は島のように独立しています。たとえば，「break」はいつも自動詞として使うとか，「run」という動詞は「だれかが走っている」という使い方で，常に「-ing」をつけるといったような独立した用法があります。それが，次第に近くの島の間で共通性が共有され，やがて大きな規則になるというものです。ただし，トマセロは，言語行動に規則性があるからといって，言語運用が規則に基づいてなされているわけではないと言っています。そして，第二言語習得も，基本的にはこのような暗示的な学習メカニズムが働かなくてはならないと考えられています。

　第一言語習得と同様，第二言語習得も，言語形式と意味／機能のマッピングのプロセスです。しかし，このようなマッピングは，文法説明を受けたからといって，学習者の頭の中ですぐに完了するわけではありません。学習者

5　N. Ellis & Wulff（2014）

6　Tomasello（1992）

の頭の中にある抽象的な知識構造のことを「**心的表象**」と言いますが，心的表象としてマッピングした知識を構築しなくてはならないのです。究極には，生物学的に言うと，脳の神経回路がつながり，それが強化されて太くなることだと言ってもいいでしょう。マッピングを起こすには，用例に何度も遭遇することにより，学習者自身が強固な心的表象を作り上げていかなければならないのです。

　本節の後半では，**インプット**を受けてから**アウトプット**を出すまでに，第二言語習得過程で何が起きているかを見ていきたいと思います。まず，習得はインプットを受けるところから始まります。インプットには，すでに知っている表現や語彙が含まれていますが，学習者が「おやっ」と感じた動詞の語尾や文末表現などには注意が向けられます。これを「**気づき**」といいます。意識的に何かに気づくこともありますが，気づいているという自覚がなくても，ヒトは何かに気づいていることがあるものです。暗示的な学習メカニズムでは，むしろ意識して気づかなくても，何かに注意を向けている可能性があります。「気づき」というと，いかにも規則に気づくことが重要なのだと誤解されたこともありましたが，規則ではなく，言語のある側面に集中して注意を向けることが重要なのです。

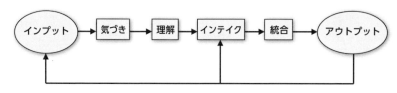

図 1-4　第二言語習得のプロセス[7]

　気づきは，過去に「こういうことを言いたかったのに言えなかった」というような経験をしていて，まさに同じコンテクストで母語話者が適切な表現を使ったときに「あっ」と気づくことがあります。母語話者が使っているのを何度も何度も聞くので，どういう意味なのか常に観察していて，ある瞬間にひらめいたということもあると思います。意欲的にインプットから何か

7　Gass（1997），Gass & Selinker（2001）に基づき，一部筆者が簡略化。

を取り込もうとしているときには，気づきの可能性が高くなるとされています。また，高い頻度でインプットに現れる言語形式は気づかれやすいです。でも，英語の冠詞のように頻度は高いはずなのに，習得において最後まで難しいものもあります。ですから，頻度がすべてではありません。

インプットの中で注意が向けられた言語形式は，その意味が理解される必要があります。コミュニケーションにおいては，お互いの伝達意図が通じ合うまでやりとりを繰り返す「**意味交渉**」が起こります。この意味交渉をするところにこそ，習得が促進されると考えられています。意味交渉のときには，相手の発話意図を自分が正しく理解したかを確かめる「**確認チェック**」，曖昧なところを相手にもっとはっきり言うように求める「**明確化要求**」，相手が自分の言ったことを理解したかどうかを確かめる「**理解チェック**」や，繰り返し，言い換えなどによる**会話的調整**が起こります。このようなやりとりにより，相手からの修正を引き出して意味を理解しようとするのです。

学習者が受けたインプットの量は多いですが，その中からふるいにかけられ厳選されたインプット，すなわち，気づかれ理解されたインプットのみが，習得に使われる学習者の言語データになります。それが「**インテイク**」です。また，インテイクは**仮説検証**のプロセスを表す用語としても使われます。学習者は取り込んだインプット中の言語形式の使い方について，自分なりに仮説を立てることがあります。そのときに，目標言語で何ができるかという情報である「**肯定証拠**」と，目標言語で何ができないかという情報である「**否定証拠**」が使われます。母語話者が使用しているというのは十分な肯定証拠ですが，使っていないという間接的な否定証拠は学習者にはなかなか気づかれにくいとされています。それで，教室では訂正フィードバックをするなどして否定証拠を与える必要があるのです。

習得が起きる言語環境としては，コミュニケーションにおいて生じる意味交渉が，習得を促進する重要な場所です。一方，頭の中では，注意を向けたインプットは**作動記憶**（working memory）という習得の認知的な作業場の俎上に乗せられます。作動記憶は，短期記憶の情報の保持という機能だけでなく，情報の処理も行う能動的な記憶です。注意を向けたインプットに関連する既知情報が長期記憶から呼び出され，作動記憶上に乗ると，新しい情報

と既知情報のパターンの違いを瞬時に比べることもあります。これを「**認知比較**」と言います。暗示的な学習メカニズムが働いているときには，比べるという自覚がなくても，作動記憶上で認知比較が起きています。

　このようなプロセスを経たインプットは，長期記憶に統合されなくてはなりません。その際に，既存の第二言語知識を「**再構築**」して，必要なときに取り出しやすいような記憶の心的表象を作り上げる必要があります。また，その表象に何度もアクセスすると，長期記憶へのアクセスのプロセスが「**自動化**」されていきます。その結果が，学習者のアウトプットとして出るわけです。このインプットからアウトプットの流れは 1 回で完結するのではなく，同じようなプロセスが何度も繰り返されることにより，習得されるのです。

　習得が起きる場がインターアクションにおける意味交渉だとすると，教室でも当然，学習者は意味あるコンテクストで伝達意図を伝えるために第二言語を使うことが前提になります。このようなプロセスを経て出された学習者のアウトプットは，伝達意図を伝えるための発話であると同時に，習得の成果が現れたものだという二つの側面があると思います。

　前節では，言語処理についてふれましたが，認知的には言語運用，すなわち言語処理をしながら，かたわらで言語学習も同時に進行していると言えます。したがって，今では，言語処理と同じメカニズムで習得もとらえるべきだと考えられています。言語学習は，言語処理を行っている最中，つまり言語処理のオンラインで促進されると考えられているのです。文法の規則を習って文法問題を解くという行為は，言語処理のシステムを動かしていないので，オフラインの活動ということになります。

　言語処理をしている際に，たとえば，新たな語彙が必要になったら，心的辞書に新しい見出し語を作る必要があります。コンテクストの中で練習していると，言語形式と意味／機能を結びつけやすくなります。意味交渉の相手からフィードバックを受けたら，言語形式を修正することもあります。また，何度も聞いたり話したりして使っているうちに，言語形式と意味／機能の関係が強化され，言語処理のプロセス全体が自動化され，流暢で正確に使えるようになります。すなわち，言語処理のオンラインで習得も同時に進行しているのです。このような習得のプロセスやメカニズムがあることを念頭に，本書を読み進めてほしいと思います。

●習得とは，言語形式とその意味／機能の関係を結びつけていくプロセスである。

●第一言語も第二言語も基本的には暗示的学習のメカニズムにより習得される。

●暗示的学習は，インプット中の用例が蓄積され，その中から規則性やパターンを見いだすことにより起きる。

●インプット中の言語形式の断片（動詞の活用の一部など）に集中的に注意を向けることを「気づき」といい，習得の第一歩として重要である。

●コミュニケーションのやりとりの中でお互いの意思疎通がなされるまで「意味交渉」することにより習得が促進される。

●習得が起きる認知的な作業場は，情報の保持と処理を同時に行う「作動記憶」である。

●言語習得は言語処理のオンラインで同時に進行する。

4　外国語教育のあるべき姿とは？

　外国語教育のカリキュラムは，学習者に身につけさせたい言語能力とはどのようなものか，また，そのような能力をどうやったら伸ばせるの，といったことがしっかり考えられた，ビジョンが必要です。外国語を机上の理論や知識としてではなく，実際に使えるようなスキルとして身につけさせたいと，多くの教師が願っていると思います。しかし，教師自身が文法重視の外国語の授業を受け，ペーパーテストで能力を測るような教育を受けてきたとすると，たとえ教師養成講座や研修で教授法の授業を受け，新しいやり方を習ったとしても，自らの経験がモデルになりがちです。

　本書では，第二言語習得を学ぶことの意義を説いていますが，もう一つ日本語教師が必ず学ばなくてはならないと思うものに「**言語テスティング**」があります。日本語をどう教えるかということは，教授法の授業でもかなり時間を割いて学びます。でも，学習者の言語をどう評価するかというところまで，なかなか手が回っていないような気がします。教えたことすらなければ，どんなテストをすればいいのか実感がわかないかもしれません。新米教師は，先輩教師の見よう見まねで，あるいは自分が学習者だったときのテストの形式を思い出して，テストを作成しているかもしれません。テストを見れば，テストを作成した教師が何を重視して授業で教えていたかがわかりますし，教師の力量もわかってしまうので，テストは実はとてもこわいものだと思います。

　言語テスティングという分野は，日本語能力試験のような大規模試験の作成方法や結果の分析方法まで網羅していますが，現場の教師に特に必要なのは，言語能力をどう定義し，教室活動においてそれをどう測るかという知識です。テストはカリキュラムの中で後回しにするのではなく，本来は授業内容と共に一体となって考えるべきものだと思います。

　言語テスティングでは，テストとは「目標言語使用領域で，受験者がどの

ようなパフォーマンスができるかを予測できるもの」[8]だとしています。この定義に従うと，文法のペーパーテストでは，学習者が実生活の場面でどれだけのパフォーマンスができるかを予測できないのは明らかです。近年，特に英語教育では大規模試験が直接4技能を測るようになり，良い傾向だと思います。改訂された日本語能力試験は，言語知識を測るセクションが残っていますし，聴解と読解の言語理解の2技能しか含まれていません。日本語能力試験も早く4技能が測れる試験になってほしいものです。

　一方，第二言語習得研究では，最近しばしば適用される考え方に，「**転移適切性処理の原理**[9]」があります。もともとは認知心理学の記憶の理論で，記憶に覚えこませる方法と，記憶から取り出す方法が一致しているほど成績が良くなるというものです。かいつまんでいうと，勉強する方法とテストをする方法が同じであるほど成績が良くなるというものです。従来の日本の高校や大学入試の英語の問題は，テストの形式が教育にも影響し，文法重視の授業が浸透していたわけです。つまり，転移適切性処理の原理という点では一致しています。言語テスティングでは，これをテストの「**波及効果（washback effect）**」と呼んでいます。良いテストを実施していれば，授業にも良い影響を与えますが，テストによっては教え方，学び方に弊害をもたらすのです。

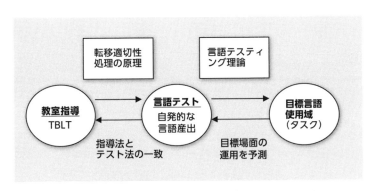

図 1-5　教室指導と言語テストの関係（小柳, 2016a）

(*TBLT：Task-Based Language Teaching)

8　Bachman（1990）

9　Morris, Bransford, & Frank（1977）

　第二言語習得において転移適切性処理の原理は，**明示的学習**と**暗示的学習**の対比でよく使われます。明示的学習は，文法の規則説明をして，その規則を適用する練習をするものです。この方法で学ぶと，文法のペーパーテストで良い成績が取れると考えられます。一方，暗示的学習は，用例に多く出会い，体験しながら言語を学んでいくタイプの学習です。こちらの方法で学ぶと，パフォーマンスベースのスキルのテストに強いと予測できます。テストが目標言語使用域でどれほどのパフォーマンスができるかを予測するものでなくてはならないとしたら，やはり，教室では，暗示的学習を促進する必要があると思います。その評価方法も，スキルベースの言語運用のテストにするべきです。そうすれば，教室で学んだことがテストで発揮でき，さらに，それが実生活でのパフォーマンスにつながるという一貫性が生まれるはずです。

●教師は，学習者がどのように学ぶのかという第二言語習得の知識に加え，学習者をどう評価すべきかを知っておくことが重要である。

●言語テストは実生活で遭遇する課題において，学習者がどのようなパフォーマンスができるのかを予測するものでなくてはならない。

●習得を促進するとされる暗示的学習が起きることを目ざすなら，パフォーマンスベースのスキルのテストで学習者を評価する必要がある。

5 第二言語習得研究って何？

　言語学に音声学，音韻論，統語論などの理論言語学，さらに，応用言語学や社会言語学などのさまざまな分野があるように，第二言語習得にもさまざまな分野や理論的なアプローチがあります。チョムスキーの生成文法を第二言語習得に応用しようとする研究者は，生まれながらに持って生まれた言語習得装置が，第二言語習得にどこまで機能しているか，というようなことを調べています。そんな中で，第二言語習得研究の中には教室第二言語習得（classroom/instructed second language acquisition）という分野があり，本書であつかっているのは，主としてこの分野の研究です。最近はコンピュータの使用など，学習の場は教室とはかぎらないので，英語では instructed の方がよく使われているような気がします。ただ，日本語にうまく訳せないので，筆者は「教室（第二言語）習得研究」という語を使っています。基本的には学校で外国語のコースを履修している学習者を対象にした習得研究をさします。

　教室習得研究の中心になる理論は，認知的アプローチといって，認知心理学の影響が大きい分野です。研究のゴールは，言語学習のときに頭の中で起こっている複雑な認知のプロセスやメカニズムを明らかにすることです。しかし，言語学習のメカニズムを探っているという点で，教育的示唆が多く導き出される分野でもあります。教室習得研究がどのような研究課題に取り組んでいるかというと，一例をあげると以下の通りです。

・インプットは認知的にどのように処理されるのか。
・明示的学習と暗示的学習ではどのような記憶の表象が形成されるのか。
・スキルの自動化はどのように進むのか。
・学習者の認知資源（注意や記憶）にはどのような制約があるのか。
　そこに，どんな個人差が生じるのか。
・学習者の認知的メカニズムにどのように介入すれば，習得が効率よく
　促進されるのか。

　また，習得は，さまざまな要因が絡み合って進む複雑なプロセスなので，今なお新しい研究が次々に出ています。図1-6では，教室習得に関わる要因間の関係を図式化しました。この分野では，教室指導の効果を見る研究が多くなされていますが，それは学習者の認知メカニズムを通して習得の成果が出されます。認知メカニズムの背後には脳内メカニズムが存在しています。また，指導の効果は，習得すべき言語形式の性質によっても影響を受けます。さらに，学習者の個人差要因とも相互作用があるので，同じタイプの指導をしても，どの学習者にも同じように習得されるとはかぎりません。このような複雑な関係を一つ一つ明らかにしようというのが教室習得研究なのです。

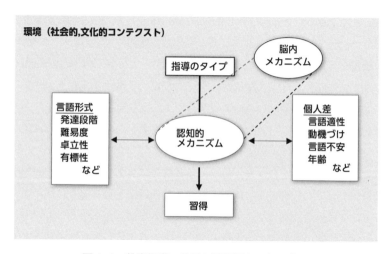

図1-6　教室指導の効果と諸要因との相互作用

(小柳，2016b)

　教室習得研究がどのように進められてきたかを少し説明しておきましょう。たとえば，まず，発話や作文のデータから学習者言語の特徴を記述したり，授業を観察して教室談話の特徴を記述したりします。そうすると，たとえば，教室で訂正のフィードバックをたくさん与える教師のクラスの方が，正確さが高いようだ，というようなことがわかってきます。それは，あくまでも「こういうことが起こっているらしい」という研究上の仮説です。たまたま，そのクラスがそうであったのかもしれません。そこで，それを確かめ

るために，フィードバックを与えるグループと，そうでないグループを比較するような実験を行って仮説を検証し，確認します。

　もちろん，研究のやり方によって，どこまで研究結果を一般化できるかが異なってきます。指導の効果を調べる実験だったら，結果を一般化できるように，参加者を無作為にグループに配分するというような実験手続きが必要になります。政治の世論調査のように，無作為に発生させた電話番号の家に電話をかけて，国民の代表として調査をするというようなことは，第二言語習得研究ではできません。それで，実験の参加者がどの実験グループに入るかはランダムに決めるようにしているのです。そうやって実験しても，結果を一般化できる範囲は，ある特定の年齢層の学習者だけかもしれませんし，ある特定の国や地域だけにしかあてはまらないかもしれません。このような研究を丁寧に蓄積していって，習得の全体像を明らかにしていくのが教室習得研究です。

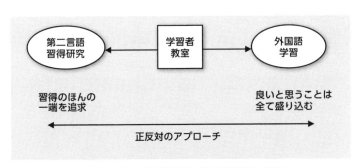

図1-7　第二言語習得と外国語学習の関係

　第二言語習得は，日本語教育の基礎科学になり得る分野だとは思いますが，同じ教室を想定していても，教育現場と第二言語習得研究では，実は正反対のアプローチを取っていると思います。教室では，教師なら自分が学習者のために良いと思うことはすべて詰め込んで授業をやっていると思います。でも，研究でそのようなことをすると，何が習得にインパクトがあったのかわからなくなってしまいます。ですから，調べたい一つの要因以外のものは，できるだけ排除し，コントロールして実験を行おうとします。一つの研究が明らかにできることは，言語習得過程のほんの一端です。それらがま

とまって研究動向が見えてくると，習得の全体像が明らかになり，教育的示
唆が得られるのです。

　したがって，一つの研究だけを見て，教室現場ではこうするべきだと主張
するのは危ういです。しかし，研究の知見を総合的に検討して見えてきた研
究動向から，教育現場に向けて推奨できることは，すでにかなり蓄積されて
います。本書の2章，3章では，学習者の特性や指導方法について，今の教
室習得研究から言えること，日本語教師の方々にぜひ知っておいてほしいと
思うことをまとめました。

- 教室第二言語習得研究では，言語習得の認知的なプロセスやメカニ
  ズムを明らかにすることを目的としている。
- 科学的な検証を繰り返して見えてきた研究動向から，教育的示唆が
  導き出されるという点で，第二言語習得は日本語教育の基礎科学と
  言える研究分野である。

第2章

外国語の定着を阻む要因

1　学習者の習得過程はみな同じか？

　日々，学習者に接していると，学習者の言語習得過程はさまざまだと思うかもしれません。確かに，完璧に話せるまでなかなか口を開こうとしない学習者もいれば，間違いがあってもどんどん話そうとする学生がいたり，話すのは苦手でも作文ではしっかりしたことが書ける学生など，学習者の習得のパターンはさまざまです。でも，第二言語習得研究では，形態素（＝意味を持つ語の最小単位）や統語（＝語順などの文の構成）に関しては，普遍の発達段階があると言われています。これは，第一言語にも第二言語にも共通で，また，第二言語の**自然習得**でも**教室習得**でも同様の発達段階が現れるとされています。つまり，形態素や統語などのいわゆる文法に関しては，学習者が通る道筋は同じだと考えられているのです。このような発達段階が第一言語とも共通というのは，第二言語習得も基本的には第一言語と同様の学習メカニズムが働いているからにほかなりません。

表 2-1　英語の形態素の習得順序

（Brown, 1973：Dulay et al., 1982 に基づく）

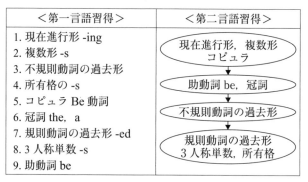

＜第一言語習得＞	＜第二言語習得＞
1. 現在進行形 -ing 2. 複数形 -s 3. 不規則動詞の過去形 4. 所有格の -s 5. コピュラ Be 動詞 6. 冠詞 the，a 7. 規則動詞の過去形 -ed 8. 3 人称単数 -s 9. 助動詞 be	現在進行形，複数形 コピュラ ↓ 助動詞 be，冠詞 ↓ 不規則動詞の過去形 ↓ 規則動詞の過去形 3 人称単数，所有格

　初期の研究で有名なのは，英語の形態素の習得順序に関するものです。もともと第一言語習得で研究されていたのですが，第二言語でも同じ習得順序が現れるかどうかが研究されるようになりました。表 2-1 のように，英語

の９つの形態素のうち，第一言語ではきれいな習得順序が見いだされていますが，第二言語については，第一言語ほどはっきりした順序にはなりませんでした。それで，いくつかの形態素でグループ分けすると，4段階の発達順序があるとされています。その後，第二言語の**自然習得環境，教室習得環境，混合環境**（自然習得＋教室習得）の英語学習者を比較する研究[1]も行われました。そして，どの環境でも習得順序は変わらないことや，教室習得では習ったことを一時期過剰に使用してしまうというような，自然習得とは異なる特徴があることが見いだされました。

　統語については，ドイツ語や英語の疑問文や否定文に一定の発達段階があることは早くから知られていました。日本語の否定文にも発達段階があります[2]。第一段階では，名詞や動詞にただ「ない」をつける（例：食べる―ない，行きます―ないです）文が生成されます。それから，やがて未分析の否定辞がつけられ，「食べる―じゃない」「読め―くない」「食べました―ません」のような否定文が現れる段階を経て，正しく否定文が使えるようになることが報告されています。英語では名詞や動詞にただ「No」をつけて否定を表そうとすることはよく見られますが，日本語でも同じように，ただ「ない」をつけて否定文にする傾向が見られるのです。このような形はもちろん教室では教えませんが，自発的な発話には現れるとされています。

　表 2-2 は，英語で見いだされている疑問文の発達段階です。筆者が初めて英語の疑問文の発達段階を知ったときは，名詞に上昇イントネーションをつけただけの疑問文や，短い文を上昇イントネーションで言うような疑問文は学校では習わなかったので，そんなはずはないと思いました。でも，よく考えてみれば，中学校時代に自発的に英語を話すことはあまりなかったので，自分がどれほどの英語を話せたかは定かではありません。学習者が自発的に何かを伝えようとするときには，このような疑問文が発せられるのです。

　第一言語を習得する子どもは，まず母音や子音が認識でき，アクセントやイントネーションなどの特徴がわかってくると，言語が使われるコンテクストの助けを借りながら，親の発話の音の連なりから，意味ある単位を切り出せるようになります。子どもが最初に発する文構造は，一語文です。一語文

1　Pica（1983, 1984）

2　Kanagy（1994）

が処理できるようになると，二語文，三語文と文が長くなっていきます。第
二言語でも，言語の小さい単位から処理ができるようになっていき，次第に
より大きなまとまりが処理できるようになります。それで，単語，句構造，単
文，複文へと複雑な言語構造が産出できるようになるのです。普遍の発達段
階は，正用の段階ではなくて，産出が始まった段階をもって学習者の発達段
階を決めています。つまり，それが，習得が始まった段階だということです。

表 2-2　英語の疑問文の発達段階
(Pienemann, Johnston, Brindley, 1988 に基づく)

第 1 段階	単一語	This? Red? Scissors?
	単一ユニット	A boy? To who
第 2 段階	SVO 語順	This is picture? *They stay oceans?
第 3 段階	疑問詞の前置き	What he is doing? *Why he is stopped the car?
	Do の前置き	Do you have flowers? *Does he going home?
第 4 段階	Yes-No 疑問文	Is she mad about this?
	の倒置	*Has he answering the phone?
		Can he see because of the snow?
	コピュラの	What is this lady? *Where are this place?
	Wh 疑問文の倒置	What is he surprised?
第 5 段階	助動詞 be の倒置	*Who is the woman who talk to the girl?
		Who's buying it? What's he doing?
	助動詞の倒置	What does she hold in her hand?
		*Why did he crying?
		Who may be calling?
第 6 段階	否定疑問	Doesn't she want to come in?
	付加疑問	Did you drink beer, didn't you?
	埋め込み節	I don't know why he went abroad this summer.

　疑問文や否定文の形成過程をいろいろな言語で見ていくと，以下のような
共通点があると言われています[3]。このような発達段階があるのは，言語処理
に作動記憶が関わっていて，文中の要素間で文法情報を交換したり，文の中
で要素を動かしたりすることは記憶の負担が大きいからです。下位レベルの

3　Pienemann & Johnston (1987), Pienemann, Johnston, & Brindley (1988)

処理が自由にできるようになっていれば，より大きな文構造の中での操作が次第に可能になっていくのです。

第1段階：語彙，決まり文句が言える
第2段階：標準的な語順の文が作れる
第3段階：文末の要素を文頭に置くなど，文の要素を前や後ろに動かすことができる
第4段階：文の構成要素に対する認識ができ，文中の要素を前や後ろに動かすことができる。
第5段階：単文構造の中でさまざまな要素を自由に動かすことができる
第6段階：複文構造の中で要素を動かすことができる

　たとえば，初級の日本語学習者には「渋谷にパーティーがあります。」というような助詞の誤りがよく見られます。以下の文の中では，「映画を見ます」や「映画館があります」の助詞の「を」や「が」は学習者にとって比較的やさしいです。それは，動詞句の中で情報を交換して助詞を選択すればいいからです。また，例文の（1）（2）のように，最初に習った構文の場所を表す助詞「で」「に」は，そのまま覚えて使えていることが多いです。しかし，「パーティーがあります」のように出来事を表す場所の助詞は，（3）のようにしばしば誤りが見られます。「渋谷」につく助詞は，動詞句「パーティーがあります」と情報を交換しなくてはならないので，「を」や「が」より難しいと考えられています。

（1）　渋谷で映画を見ます。
（2）　渋谷に映画館があります。
（3）　*渋谷<u>に</u>パーティーがあります。
（4）　渋谷でパーティーがあります。

　最近の言語習得研究では，チャンクや形式発話などと呼ばれる，学習者がかたまりとして用いる表現の重要性が見直されています。最初はかたまりで，「渋谷に映画館があります」と使っていても，記憶の中に用例が蓄積さ

れると，助詞が分析されます。そして，発達段階が上がると，動詞句と情報交換をして処理ができるようになります。それで，場所の助詞「に」「で」は，かたまりでなく単独で自由に正確に使えるようになるのです。チャンクになっていると記憶から素早く取り出せるという利点があると同時に，チャンクの内部の小さい要素の分析が進むので，応用範囲もさらに広がるのです。

　このような発達段階の研究とともに，「**教授可能性仮説**[4]」も提案されました。これは，発達段階が適切でない言語形式を教えても，習得は促進されないけれども，発達段階が適切な場合，つまり，その時点の発達段階より少し上の言語形式を教えると，学習者の習得を促進するというものです。ただし，発達段階の制約を受ける言語形式とそうでない言語形式があり，発達段階の制約がないものは，いつでも教えられるとしています。

　このような発達段階が明らかになったときは，その段階の通りに言語を教えれば効率的なのではないかと言われたこともありました。しかし，あくまで学習者の自発的な発話に現れた言語的特徴により段階を決めるので，同じクラスにいる学習者全員が同じ段階にいるとはかぎりません。また，発達段階が高くても伝達上のニーズから，早く教えなくてはいけない言語形式もあります。ですから，発達段階に厳密に合わせてシラバスを作成するというのは，それほど容易なことではないのです。

　日本語教育では ACTFL-OPI[5] というオーラルインタビューが使われることがありますが，この判定基準で中級というと，日本語では「です・ます体」で話し続ければ十分中級と見なされるようです。つまり，日本語の初級文型として教えられるさまざまな文末表現が使えなくても，ACTFL-OPI では中級になるのです。それで，昨今の，従来からの初級文型を見直し「やさしい日本語」を模索する動きの中で，初級は「です・ます体」中心で，むしろ語彙をいろいろ教えれば十分ではないかというような議論[6]もあります。習得は必ず理解先行で進むので，産出が「です・ます体」だからといって，学習者が受けるインプットもそれと同等でいいと結論づけるのは時期尚早

4　Pienemann（1989）
5　ACTFL-OPI は，全米外国語教育協会（ACTFL）によるオーラルプロフィシャンシーインタビュー（OPI）のことである。
6　山内（2009）など

で，習得の面から慎重に検討すべき課題のような気がします。

　また，発達段階よりもう少し高い段階の構文を含んだインプットを受けた学習者は，その構文を記憶に取り込んで蓄積しておくということは可能です。同様の構文が記憶に蓄積されると，ある時点でその構文が頭の中で分析されて，言語産出につながるということはあり得ます。ですから，少し高い段階のものを教えても，全く無駄というわけではないと思います。また，習得において通る道筋は普遍のものがあるとされていますが，どの段階に長くとどまるかは個人差があると思います。

　このような発達段階が生じるのは，学習者がどれだけの言語を処理できるかにより，産出する言語にその特徴が現れるからだ[7]とされています。単語が処理できなければ句が処理できないし，句が処理できなければ，単文，複文へと進んでいかないのです。すなわち，言語の小さい単位から自動的に処理できるようになり，次には，それより大きな単位が処理できる段階へと進んでいくのです。日本語に関しては峯（2015）が，この理論を適用して，詳しい発達段階を示していますので，表 2-3 をご参照ください。

●形態素や統語など，いわゆる文法の発達段階にはだれもが通る普遍の道筋がある。

●発達段階は，自発的な言語産出の中に現れた時点で判断される。同じ授業を受けていても，学習者全員の発達段階が同じとはかぎらない。

●発達段階に合わせて教えるのは効率が良さそうだが，伝達ニーズから習得が難しくても早く教えなくてはならない文法項目がある。

7　Pienemann (1998)

表2-3　日本語の発達段階のモデル（峯, 2015, p. 221, 表7-5）

発達段階 言語処理 の階層	発話の文構造	解説
第1段階 語・表現	語, 定型表現	・単語や定型表現を並べる段階である。 ・言語情報の文法処理はできない。
第2段階 語彙・ 範疇処理	基本語順 修飾語＋被修飾語 名詞＋助詞 とりたて詞ダケ 動詞の活用 可能動詞 終助詞カ, ネ, ヨ	・品詞体系, 基本的な語順が習得される。 ・修飾語が被修飾語に先行するという語順も習得される。 ・名詞に助詞がつくが, 適切な使い分けはできない。 ・限定の意味を付与するとりたて詞ダケの使用ができる。 ・タ, ナイ, ラレル（可能）, とりたて詞のダケなどの意味を付与する形態素をつけることができる。 ・内包する文との情報交換を必要としない終助詞, カ, ネ, ヨが使用できるようになる。
第3段階 句処理	名詞＋の＋名詞 形容詞＋名詞 様態副詞句＋動詞 複合動詞 シテイル（進行） A類接続辞	・「修飾語＋被修飾語」, それぞれの語の品詞によって接続を適切に変えることができる。 　例:「病気の人」,「きれいな人」,「きれいに掃除する」 ・複合動詞を使用することができるようになる。 ・目的格の助詞ヲを適切に使用できるようになる。 ・A類接続辞（同時付帯テ／ナガラ※等）を使用できるようになる。（※ナガラの使用は遅れる。）
第4段階 文処理	格助詞ニ, デ（場所） ハ＋否定 C類接続辞 シテイル （反復・結果） デショウ, ナァ, カナ, ヨネ	・場所を表す格助詞ニ, デを使い分けるようになる。 ・述部の否定形に呼応する形で, 否定成分にハが後続する。（例: それは知りませんでした。） ・C類接続辞（カラ, ケド等）が使用できるようになる。 ・反復, 結果を表すシテイル, そして, シテイタが使用できるようになる。 ・文末表現（デショウ, ナァ, カナ, ヨネ※）を使用できるようになる。（※ヨネの使用は遅れる。）
第5段階 複文・ 文脈処理	従属節文中でのガ 対比のハ 受身・授受表現・ 使役, B類接続辞 ノ, ワケ, モノ	・従属節文中の主語がガで表される。 ・文脈に応じて, 対比のハが使用できるようになる。 ・受身, 授受表現, 使役表現が使用可能となる。 ・B類接続辞（タラ, ト等）が使用できるようになる。 ・説明のモダリティ表現ノ, ワケ, モノが使用できるようになる。

2 学習者の言語は右肩上がりに発達するか？

　教師は，自分が教えたときに，学習者がそれをマスターしていると錯覚しがちです。自分はきちんと教えたのに，と思ってしまうのです。筆者も，日本語教師の新米時代には，ペーパーテストの文法の問題で学習者が間違えているのを見つけて，「教えたのに！」とか「説明したのに！」などと思ったことがよくありました。でも，教師が教えたことを学習者が1回ですぐに吸収できるなら，だれも外国語の習得に苦労はしません。また，言語はスキルなので，仮にペーパーテストでできていたとしても，実際の伝達場面で学習者が使えるという保証はどこにもないのです。

　前節では，学習者言語の発達に決まった道筋があることを述べましたが，第二言語習得研究では，教師が教える順序と学習者が習得する順序はしばしば異なるとされています。少し考えてみれば，私たちも，英語の冠詞は中学1年の最初に習いますが，日本人にとっては最後まで習得が難しいとされています。教える順序と習得する順序が一致しないというのは納得できると思います。

　また，学習者の**誤用**は，かぎられた文型と語彙で，コントロールした文法の口頭練習をしているときには，それほど出てきません。たとえば，初級のクラスで「新しい車」「赤い車」「大きい車」のような形容詞の連体修飾を，絵や写真の教材を使って文を言わせる練習をしているときは，学習者が間違えることはほとんどありません。でも，もっとレベルが上がり，中上級になって，知っている文法が増えてくると，「新しいの車」のように「の」が挿入されたりするのです。初級では一つの課であつかう文型は決まっていて，その文型に集中して練習しています。でも，類似表現が増えてくると，頭の中での整理が追いつかず，誤った使い方をしてしまうことがあるのです。

　学習者言語において，特定の言語形式の習得過程を観察すると，U字形のような曲線を描いて発達するとされています。学習者は初期の段階では，習ったことをそのまま覚えて使っているので，一見完全に習得してしまったかのように見えます。ところが，ある時点から，その言語形式の使用が見ら

れなくなったり，誤用に転じてしまったりすることがあります。つまり，U字型の底にいる状態です。そして，そのような時期を経て，再び正しく使えるようになるというものです。前述の形容詞の連体修飾も，U字型の発達曲線をたどっていると言ってもいいでしょう。

　U字型の発達曲線は，言語だけでなく，乳児の運動の発達にも見られるようです。たとえば，生まれて間もない乳児の体を支えて足を床につけて立たせようとすると，足を動かして歩くような動きをするそうです。これは乳児の原始歩行と言われています。でも，実際に歩き始めるのは1歳頃からで，しばらく歩く行動は消滅しています。第一言語習得では，一時期きちんと「went」と言えていた子どもが，ある時期から「goed」と言い始めることがあるという事例が有名です。不規則動詞の過去形は，そのような時期を経てまた正しく使えるようになるようです。

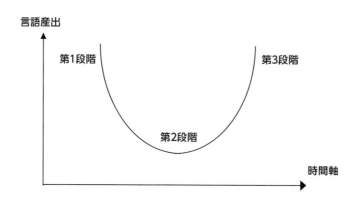

図 2-1　学習者の U 字型発達曲線（小柳, 2004; Kellerman, 1985 に基づく）

　第二言語習得では，オランダ人の英語学習者の事例[8]があります。北欧やオランダには英語に堪能な人が多いような印象がありますが，オランダ人は高校生までは，英語の動詞を自動詞としても他動詞としても使えているそうです。英語の動詞「break」を自動詞として「The cup broke.」のような文が使え，他動詞として「He broke his leg.」のような文も使っているのです。ところが，大学生になって，一時期，自動詞としての使用が減る時期があるそうです。そのような時期を経て，また再び自動詞としても他動詞としても使えるようになるということです。

　U字型の底にいる学習者は，習得が後退してしまったのでしょうか。一見，後退しているようですが，これは，認知的にとらえると，前進していると見ることができます。前述の英語の事例で，自動詞としての使用が減る時期があるとされていますが，これは，学習者が同じ動詞を両方に使ってよかったのか敏感になっていて，新たにインプットに耳を澄ませたり，頭の中で再分析をしているという時期だと考えることができます。第一言語のgoedの例も，子どもがルールを習得して使ってみた事例としてポジティブにとらえるべきでしょう。ですから，日本語の授業でも，学習者が自分なりに考えたルールを適用して使ってみた場合，誤りを指摘するだけではなく，創造的に言語を使ったことを「えらい！」と，むしろ，ほめなくてはならないのかもしれません。

　前節の学習者言語の発達段階を認定する際，その段階の特徴的な構文が表出した時点をもって，発達段階を決めていると述べました。つまり，そこが，習得が始まった証拠ということです。そのような判断基準になったのは，学習者の言語が後退したり，逆行するなど複雑なプロセスをたどる可能性があるからです。正用率を用いると，それで完全に習得されたと見なしていいのか，その後で逆行する時期をたどるのかを見極めるのは難しいです。それで，習得の始まりの時点で発達段階を決めているのです。このように，学習者の言語習得過程は複雑で，右肩上がりに言語がどんどん発達していくわけではないのです。

　教室で学習者に接していて，一人一人の学習者について，単にもともと習

8　Kellerman（1985）

得されていなかったのか，あるいは，U字型曲線の底の部分にいて，一時的に非用に転じているのか，見さだめるのは難しいかもしれません。しかし，学習者の誤用は，習った直後の初級より，上のレベルになるにつれて現れることが多いことは知っておいた方がいいでしょう。

　学習者の言語が誤用のまま発達が止まってしまうことを，第二言語習得の用語では「**化石化**（fossilization）」と言っています。しかし，化石になるというと，もう元に戻すことは不可能なような印象を与えます。また，本当にもう修復不可能なのかを証明するのも難しいです。それで，最近は「**定着化**（stabilization）」という語の方が好まれているような気がします。教師にできることは，定着しかけた誤用に訂正フィードバックを与えるなどして，「**“脱”定着化**（destabilization）」を図ることだと思います。

- 学習者言語は，しばしばU字型曲線を描いて発達する。
- 第二言語は右肩上がりに発達するのではなく，後退，逆行など複雑なプロセスをたどる。
- 教室指導の役割は，学習者に「定着化」しかけた誤りに，訂正フィードバックを与えるなどして「脱定着化」をサポートすることである。

3 母語はどれほど干渉するのか？

　同じ国出身の学習者を何人も教えていると，母語の影響による誤りに気づ
かされることがあると思います。中でも発音は，母語が共通の学習者には，
同じようなイントネーションや発音できない音などの特徴が似かよってい
て，教師がすぐに気づきやすい言語的側面ではないでしょうか。「**母語の干
渉**」というような用語が生まれたのは，20世紀に北米で勢力を極めていた
行動主義心理学の影響が大きいです。**行動主義**においては，ヒトの学習も動
物と何ら変わることがなく，刺激と反応による習慣形成により言語も学ばれ
ると考えられていました。行動主義は言語学にも影響を与え，コンテクスト
を排除してやや機械的に言語を分析する構造主義言語学も生まれました。構
造主義の下では，二言語の違いを調べる**対照分析**が盛んに行われました。そ
して，二言語間の距離が遠ければ遠いほど，習得が難しいと考えられました。

　北米では行動主義心理学と対照分析を基に，オーディオリンガルという外国語
教授法も生まれました。この教授法では，言語行動の習慣形成をするため，ドリ
ルのキューを出して学習者が反応するというパターンプラクティスが多用されま
した。発音も文法も最初から完璧なものが求められ，学習者の誤りは母語で培っ
た習慣が残ったものとして，厳しく直されました。今の第二言語習得研究では，
学習者が逆行や後退を繰り返しながら，複雑な習得過程をたどることがわかって
いますので，学習者の誤りに対してはもう少し寛容になっていると思います。

　行動主義では，母語の習慣を持ち込んでいい場合は「**正の転移**」が起き，
持ち込んではいけない母語の習慣が第二言語に取り込まれた場合は「**負の転
移**」，すなわち，「母語の干渉」が起きると考えられました。しかし，実際
は，対照分析が予測したようには転移は起きませんでした。今では，第二言
語の学習者が，第一言語を習得する子どもと同様の誤りをおかすことも知ら
れています。使役や受け身，やりもらいなど，外国人学習者だけでなく日本
人の子どもでも習得が難しいものがあるのです。

　さらに，母語を共有している学習者間で，みなが同じ間違いをおかすわけ
ではないことも明らかになっています。また，反対に，母語が異なっていて

も同じような間違いが出てくることの方がむしろ多いこともわかってきました。また，負の転移が非用，つまり「使わない」という形で現れることもあり，そうすると，研究において，表面上はデータに誤用が現れないという問題点も指摘されました。

今では，発音では確かに母語の影響が現れやすいのですが，文法に関しては，それほど母語の影響が強いわけではないとされています。対照分析では，正の転移より負の転移の方が強調されましたが，実は正の転移が起きることの恩恵を受けていることも多いと言えます。さらに，転移は母語と第二言語の間のみに起きるのではなく，第三言語や第四言語の影響もあると思います。第二，第三と新たな言語を習得することにより，母語への逆の影響もあると考えられます。

このような現象をまとめて，「**言語転移**」という用語が使われ，転移の問題をもっと広くあつかうようになりました。たとえば，欧米系の学習者でも，すでに中国語や韓国語の学習経験があれば，日本語の習得は容易になる可能性があります。欧米には何か国語も操る人が多いですが，欧米語が似かよっていることは大いに助けになっていると思います。また，外国語を学んだことで，自らの母語に影響をもたらすこともあるかもしれません。たとえば，日本人が日本語の中で，外来語を原語に近い音で発音するということもあると思います。それから，日本人は第二言語として中学高校で英語を学びますが，第三言語でフランス語やドイツ語を学ぶと，言語体系の異なる日本語からの転移よりも，第二言語である英語からの影響の方が強いということもあり得ます。

前述のように，発音は転移が起きやすい言語領域です。第 1 章では，インプットを基に言語習得が進むことを述べましたが，母語でインプット処理のプロセスが安定すると，その処理のストラテジーで他の言語も処理しがちです。ですから，第二言語も第一言語の音韻体系で聞き取ってしまうのです。そうすると，アウトプットとしての学習者の発音にも母語からの転移が起きてしまいます。本章の第 9 節でもあつかいますが，発音は年齢の影響が出やすい言語領域でもあります。したがって，大人になって第二言語を習得する際には，なおさら発音には母語からの転移が起きやすいと考えられます。

インプットを処理するストラテジーに関連して，文を処理するストラテジーも第二言語に転移しやすいです。語順が同じ言語間では，聞こえた順，

読んだ順に同じように文を処理していけばいいので，習得が容易になります。すなわち，第二言語で，第一言語と同じ文の処理ストラテジーが使える場合は，正の転移が起きるのです。たとえば，英語話者は，日本語より多くの漢字を覚えなければならない中国語より，日本語の方が習得に時間がかかるようです。中国語の方が学びやすいのは，英語と中国語の語順が同じということが大きく影響していると思います。

　日本語は，漢字のアドバンテージがある中国語話者より，韓国語話者が最も習得が早いとされています。韓国語話者は，韓国語から日本語に一語一語置き換えるだけでも，ある程度文ができあがるようです。語順が同じというのは，習得を容易にする大きな要因です。ただし，韓国語は日本語に近いだけに，助詞の用法や敬語など，日本語と微妙に異なっていて，習得が難しいところもあるようです。私たちは，英語を習ったときに，関係代名詞は文の後ろから前に戻って「〜するところの○○」と解釈するようなやり方で訳す授業をたくさん受けてきたと思います。でも，これでは，第二言語としての英語の文処理のストラテジーはなかなか発達しなかったわけです。

　それから，二言語間の転移を考える場合，双方向に負の転移が起きないこともあります。同じ文法項目で，規則の適用範囲を広げる場合と狭める場合で，どちらが難しいでしょうか。第二言語習得研究では，後者の場合が難しいとされています。第1章の第3節で，学習者が文法の規則について自分なりの仮説を立てている場合に必要な情報は，**肯定証拠**と**否定証拠**だと述べました。肯定証拠とは，目標言語で何ができるかという情報のことで，母語話者が使っているというのは十分な肯定証拠です。一方，否定証拠とは，目標言語でしてはいけないことの情報です。母語話者が使っていないというのも否定証拠ですが，使っていないことに気がつくのは，あまりにも間接的で，否定証拠と認識されるのは難しいとされています。

　日本語についての例をあげましょう。条件文「と」（「ば／たら」も同様）には，時間順序制限[9]があります。これは，前件で表す出来事が起きてから後件の出来事が起きるという制約です。下記の（5）の例では，日本へ行くのと妹を連れて行くのが同時なので，非文法的となります。（6）はガイドブックを買うの

9　Inaba（1993）

が，日本へ行く前になりますから，これも非文法的になります。ところが，これを英語の if/when の条件文にすると，（5）も（6）も正用です。図 2-2 と図 2-3 は，英語と日本語の関係を示しています。この場合，日本語話者が英語を学ぶ方がやさしく，英語話者が日本語を学ぶ方が，負の転移が起きやすいということになります。すなわち，負の転移は双方向に起きるわけではないということです。確かに，筆者も英語の授業で，特に規則として説明を受けた記憶はありませんが，いつの間にか適用範囲を広げて使っていたような気がします。

（5）＊日本へ行くと，妹を連れて行きます。

（6）＊日本へ行くと，ニューヨークの本屋でガイドブックを買います。

（7）　日本へ行くと，富士山が見られます。

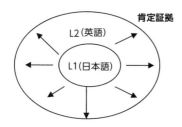

図 2-2　日本語(L1)話者が
英語(L2)を学ぶ場合
（小柳, 2016a）

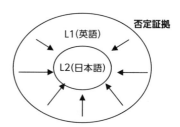

図 2-3　英語(L1)話者が
日本語(L2)を学ぶ場合
（小柳, 2016a）

　発音や文法に関する母語からの影響は，比較的想像がつきやすいですが，意外に見過ごされがちなのが語彙ではないかと思います。文法が使いこなせるようになっても，最後まで習得が難しいのは実は語彙だと言われています。学習者は目標言語の意味を母語に訳して覚えがちですが，このような方法には弊害があります。単語は，二言語間で必ずしも 1 対 1 の対応をしていないからです。二言語間で共有している核となる意味は同じかもしれませんが，その周辺の意味領域をどこまで内包しているか，微妙なニュアンスなどは，やはりコンテクストの中で学ばないと，なかなか習得できません。

　筆者は，アメリカの映画かテレビで，生まれたばかりの赤ん坊を見て，親が「Oh, beautiful !」とうっとりつぶやいた場面に初めて遭遇したときは，

心底驚きました。日本では，生まれたての赤ん坊は「お猿さんみたいに真っ赤っか」などと表現することもあるくらいなので，「美しい」とはほど遠かったからです。最近の学生は，電子辞書やWebの辞書で安易に語彙の意味を調べて済ませる傾向がありますが，どれほど用例にしっかり当たっているのか危惧することがあります。辞書に書かれた複数の意味から，誤った訳語を選択して妙な作文を書く学生もときどきいます。これでは，ますます語彙の習得が阻まれてしまいます。

さらに，社会言語的な側面も負の転移が起きやすいとされています。たとえば，物を勧められたときやほめられたときにどう反応するかというようなことは，社会により慣習が異なります。このような場面に遭遇するとき，学習者がすでに日本語をかなり話せるようになっていると，不適切な言動が母語話者に誤解されるかもしれません。また，外国人だからしかたがないと思ってもらえたとしても，不適切な言動を直されることはあまりないかもしれません。また，グローバル化していく社会において，日本もどんどん変化していくので，何を基準に社会言語面で適切とするかを決めるのは難しいという面もあります。たとえば，最近の日本人は「つまらないものですが…。」と言うことは，少なくなってきたように思います。教師はこのような日本語の変化にも敏感になっておく必要があると思います。

- ●発音には母語の影響が現れやすいが，文法はそれほどでもない。
- ●学習者は，負の転移のネガティブな面だけでなく，むしろ正の転移から恩恵を受けることもある。
- ●第一言語の文を処理するストラテジーは第二言語に転移しやすい。
- ●転移は，第一言語，第二言語，第三言語と学んだ言語間でさまざまな方向に起きる。
- ●異なる二言語間で双方向に転移が起きないことがある。第二言語で文法規則の適用領域を狭めなくてはならない方に転移が起きやすい。
- ●母語の影響が残りやすい語彙や社会言語的な側面も，見過ごされやすいが注意すべきである。

4　頭がいい人が外国語もできるのか？

　筆者が英語やフランス語を勉強したり，日本語教育に関わったりしているからか，周囲には，外国語あるいは外国語教育について何かひと言言いたいという人がけっこういました。その中で，全く正反対のことを言われたことがあります。「外国語が話せることと勉強ができることは全然関係ないんだよね。」と言った人もいますが，「外国語ができるってことは，頭の回転が速くて頭がいいってことなんだよね。」と言われたこともあります。どちらが真実なのでしょうか。

　実際に海外で生活していたとき，日本で良い大学を卒業していても，それほど現地語が話せないまま終わってしまう人もいました。そうかと思えば，それほど学歴が高くなくても，どんどん話すので会話が上達する人もいました。それで，高学歴の人からは，「勉強ができることと外国語が話せることは全く関係ない」との声を聞くことがありました。自分のことではなくても，そういうケースを目の当たりにして，客観的な見解として同様のことを言った人もいました。

　また，筆者が日本でインド人主婦二人に日本語のプライベートレッスンをしていたとき，いろいろな話から察するに，一人の方がどうも学歴や家柄（カースト制）なども上のようでしたが，日本語が先に話せるようになったのはもう一人の方でした。気さくで明るい性格だったので，習った日本語をすぐに使っていました。そのうち，学歴がより高そうな人からは，プライドがあったのか，途中で二人一緒でなく，別々にレッスンをしてほしいという申し出がありました。一人になったとき，「あの人は間違えても平気でどんどん話すからね。」というようなことを言っていました。完璧主義の性格も災いして，人前でなかなか日本語を話そうとしなかったのです。

　第 1 章でも述べましたが，学校の教科として外国語を勉強し，文法のペーパーテストで能力を測られて良い成績を取ることと，実際に外国語を使うこととは，言語処理のプロセスが異なります。第二言語習得研究でも，知能検査の成績は，文法や語彙テストにはある程度相関がありますが，スキルとし

ての言語能力とは直接の関係はあまりないと言われています。学校の主要教科の勉強ができても，運動が苦手とか，歌はからきし音痴という人がいるように，学校の成績が良くても外国語は苦手という人がいるのは，ある意味しかたがないことだろうと思います。

　筆者はアメリカ人の学生から，「日本語以外の成績はすべて A なのに，日本語だけ C になるのはアンフェアだ。」と言われたことがあります。いかにも日本語の教え方，評価のしかたが悪いと言わんばかりでした。でも，外国語はスキルであって，知識を吸収する他教科とは性質が異なります。スキルとしての日本語のパフォーマンスが良くなければ，他教科と同様の成績を取るのが難しいのは当然だと思います。

　では，今度は，反対に言えば，外国語が話せる人は頭がいいとは言えないのでしょうか。このような問題は，ひとえに「**知性（intelligence）**」をどう定義するかに関わってきます。世代によって，学校で知能検査を受けたことがあるかどうかは異なるようですが，一般に知能検査で測っているのは学問的論理力だとされています。つまり，学校教育の中で学業に成功するかどうかを予測するものです。知性を，「学校教育からどれだけ恩恵を受けられるかを示すもの」とする定義[10]もあります。

　知性に関しては，今はもっとさまざまな考え方が出てきています。たとえば，「こころの IQ[11]」が提唱され，我慢強く単調な作業を粘り強く持続して続けられるとか，リーダーシップがとれるといった性格的，人格的側面も重要視する考え方があります。また，「多重知性（multiple intelligences）」という考え方[12]があり，言語／音楽／論理・数学／空間・視覚的／身体・運動／対人／自己認識という七つの側面で知性をとらえています。これを見ると，言語ができることも一つの知性ですし，運動や音楽にすぐれているのも一つの知性です。人はどこかの側面から見れば，だれしも知性があるのだという考え方です。ですから，外国語が使いこなせることも頭がいいと言えるでしょう。

　外国語教育では，この「多重知性」を応用し，音楽が得意な人のために歌

10　Sternberg（1997）

11　Goleman（1995）

12　H. Gardner（1983）

を取り入れるとか，運動ができる人のために体を動かしながら言語を使う活
動を取り入れるなど，知性のどの側面にもアピールするさまざまな教室活動
をすれば，みんなが授業のどこかで達成感，充実感が味わえるとする提案も
あります。習得の面からいって，どこまで本当に効果があるのかわかりませ
んが，教育として考えると一理あると思います。

　余談ですが，この多重知性という考え方は，アメリカでは悪い方に利用さ
れることもあるそうです[13]。アジア系の親は人生の成功に大切なのは「本人
の努力」と答える傾向が強く，自分の子どもが苦手な教科でも，ある程度
できるまでがんばらせるということです。ですから，アジア系の子どもたち
は，学業で良い成績を収めることが多いのです。一方，ヒスパニック系やア
フリカ系の親は，人生の成功に必要なのは「才能」だと答え，何かにすぐれ
ているとわかったら，ほかのことにはもうがんばらせようとしないのだそう
です。スポーツは顕著な例ですが，プロスポーツに行って将来お金が稼げる
と見込めれば，スポーツ以外の学校の教科がおろそかになってもしかたがな
いと考えるということです。

　本節の冒頭であげた「外国語ができる人は頭の回転が速くて頭がいい」と
いう声は，言語処理が高速の情報処理のプロセスだとすると，言語処理がう
まくできる人は，頭の回転が速いと言えるでしょう。言語処理では，瞬時の
うちにさまざまなプランニングや発話の分析を行っているので，頭の回転が
速い方が言語習得には有利だろうということは想像がつきます。情報処理に
はゆっくり処理した方がいい領域もあるようなので，頭の回転が速ければ何
においてもいいというものではありませんが，少なくとも言語の口頭能力で
は，処理が速い方が有利だと言えるでしょう。

　それから，言語はあくまでもコミュニケーションや情報収集のツールで
す。そうなると，上級になると，今度は言語能力と言語以外の学力を完全に
切り離すのは難しくなります。日本の大学や大学院に入るような留学生は，
入学前の時点で，日本語能力試験 N1 のスコアが多少低くても，学力があれ
ば，学力で日本語力を補って，相互作用で日本語力も伸び，最終的には，大
学や大学院で論文や専門書がしっかり読め，良い論文が書けるということが

13　バトラー後藤（2003）

あるような気がします。

　筆者は日本語教授法の授業で，口頭試験のレベル判定の基準を学生に見せたことがあります。上級では「抽象的な話題について話せる」というような項目が入っていますが，そのときに「ぼくは日本語ペラペラだけど，政治や経済の話は興味がないし，しないから，その基準はおかしい。」と異議を唱えた留学生がいました。でも，上級になると，言語そのものができることと話題の専門性を完全に切り離すことはできなくなります。そう考えると，学力というか広く一般教養がある人，つまり，ある意味，知性がある人の方が，最終的には言語を広く使いこなせると言えるような気がします。

- ●学問的 IQ とスキルとしての言語能力との関係は弱い。
- ●知性をどう定義するかにより外国語ができることと知性の関係についての解釈が異なってくる。

5　外国語学習の才能は存在するのか？

　前節では，知性が言語習得に関係があるかどうかという議論を紹介しましたが，言語学習に特化した，何か才能のようなものがあるでしょうか。世の中には語学の達人と呼ばれる人もいますし，日本の学校で従来型の悪名高き英語教育を受けても，英語の上手な使い手になる人はいます。留学経験があるかというような環境や本人の努力ももちろん影響しているとは思いますが，外国語の運用能力が高い人には，何か共通の特性が存在するのでしょうか。そのような特性は，第二言語習得では「**言語適性**」としてさまざまな研究が行われてきました。言語適性は，知性よりもっと言語に特化した素質，潜在能力のようなものです。

　言語適性の研究は，イギリスやアメリカで始まったのですが，戦時中の軍隊のニーズに端を発しています。軍隊ではスパイ要員などに外国語ができる人が必要ですから，短時間で外国語が習得できる人を選抜して，その人たちに投資して外国語教育を施した方が，効率がいいと考えたのです。それ以降も政府機関や軍隊のニーズがあり，引き続き研究が続けられました。学校教育で使える言語適性テストが作られたこともありました。日本語教育においても言語適性テストが開発され，集中コースに入れるかどうかを判断するために，一部の大学で使用されていたことが報告されています。

　しかし，学校教育の現場では，次第に言語適性テストは使われなくなりました。それは，教師に授業を始める前からできる学生とできない学生を決めつけてしまうというバイアスを与えてしまうので，好ましくないと考えられたからです。また，商業的な理由もあったようです。教科書の出版社にとっては，学習者はみな同じという前提で，同じ教科書を大量生産，販売した方が，もうけにつながります[14]。学校ではありませんが，会社で言語適性テストが使われて，訴訟になったケースもあるそうです。カナダのある会社では，昇進のための条件の一つに，外国語の研修を義務づけていました。とこ

14　Skehan（1989）

ろが，ある社員は，事前の言語適性テストで良い成績を取れなかったために，外国語の履修を断られたのです。つまり，外国語の研修を受けられなければ，会社では昇進もできないということになります。それで，不利益を被ったと訴訟を起こしたのです。

　一時期は下火になっていた言語適性研究ですが，第1章で紹介した言語処理や言語習得の認知的なメカニズムが明らかになるにつれ，そのメカニズムと照らし合わせて，言語習得に必要な基本的認知能力とはどんなものかを研究しようという機運が高まり，今日に至っています。言語適性は，外国語学習に向く才能のようなもので，言語学習の成否ではなく，習得のスピードを予測するものだとされています。言語適性は，思春期を過ぎた大人の言語習得では，最も重要な個人差要因です。

　筆者が学習者を見ていて感じるのは，日本語学習には大きなハードルが二つあるということです。最初のハードルは日本語学習を開始したときで，その段階で脱落してしまうような学生は，簡単な挨拶ことばをリピートすることすら困難です。それで，オーラル中心に進められる日本語の初級の授業でついていけなくなることが多いです。もう一つのハードルは，中級以降に読みの比重が高くなってきたときです。初級ではやりこなせたのに，読みが苦手で日本語が嫌になってしまう学生がいます。オーラルならできると言っても，読みが苦手な学生は，実はオーラルもブロークンで正確に話せないような気がします。このハードルをこえると上級まで続けられるケースが多いように思います。言語適性を研究する意義は，教師なら日頃，学習者の強み，弱みについて感じていることについて，科学的な見地から説明を与えるということだと思います。

　言語適性はただ一つの要素から成っているものではなく，複数の要素から構成されていると考えられています。その中で，学習者の習得過程において，初期に重要になる構成要素と，上級になって必要になる構成要素は異なるとも言われています。図2-4のように，初期に重要なのは，**音韻符号化能力**です。**言語分析能力**は常に必要ですが，レベルが上がるにつれ重要性が増すと考えられています。そして，レベルが上がると「**記憶**」が重要だとされています。

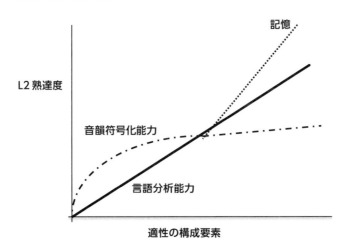

図 2-4　言語適性要素と熟達度との関係
(Skehan, 1998, p.217; 小柳, 2018a 訳)

　それぞれを何で測るか曖昧ですが，日本語で，音韻符号化能力を「**音韻的短期記憶**」のテストで測り，初級の学習者に重要な構成要素であることを示した研究[15]があります。前述の初級でリピートすらできない学生がいるというのは，この音韻的短期記憶が弱いからだと思います。音韻的短期記憶は，非単語をリピートする課題で測定されます。聞いたことがない単語をどれほど正確にリピートできるかは，新しい外国語を学ぶ場合に必要な基本的認知能力だと考えられます。

　第 1 章の言語処理や言語学習のメカニズムにおいて，認知的な作業場として**作動記憶**が働いていることを述べました。情報の一時的な保持と情報の処理という二つのことを同時に行っている能動的な記憶のことです。同じく，日本語の研究では，図 2-3 の「記憶」を作動記憶の容量で測っています。そして，上級になるほど重要な構成要素になることが示されています。作動記憶の容量は，リーディングスパンテストで測ることが多いです。これは，文を音読しながら，その文の中の下線が引かれた単語を覚え，文を複数読んだ後で，覚えた単語を言うというものです。2 文条件で始まり，3 文，4

15　向山 (2013)

文，5文条件までやることが多いです。

　意味を処理しないと音読はできないとされているので，リーディングスパンテストでは音読という情報処理を行っています。それと同時に，単語を覚えるという情報の保持もしているので，作動記憶の容量を測るとされています。作動記憶の容量が大きい方が，母語話者とコミュニケーションをしながら，あるいは第二言語で何かを読みながら，内容を理解するだけでなく，言語処理を行ってもまだ余っているスペースで，新しい語彙や表現を取り込むことができます。それで，作動記憶の容量が大きい学習者は，上級になるにつれ，いっそう習得に有利だと考えられます。面白いことに，言語分析能力が高ければ，多少，音韻符号化能力や記憶が弱くても，言語分析能力が補ってくれることがあることも明らかになっています。

　言語適性の有名なテストに，現代言語適性テスト（Modern Language Aptitude Test：MLAT）がありますが，この中の文法的感受性を測るテストは，英語の母語話者が，英語の文の単語の文法的な機能を見つけるというものです。これが，言語分析能力に相当するものです。日本語では，MLATなどアメリカで開発された言語適性テストを参考にして作られたテストが使用されています。このテストは，日本語の文法と同じような特徴を有する言語の文法のパターンを見いだすテストなので，日本語未習の学習者にしか使えません。前述の日本語の研究では，未習の段階で適性テストをして1年半の長期にわたり日本語学校で調査されました。

　第1章で，言語学習のメカニズムの基本は，**暗示的学習**だと述べました。これは従来の外国語教育ではあまり重視されてきませんでした。したがって，暗示的学習に必要な基本的認知能力は何かという研究は，比較的新しいテーマです。暗示的学習は，学習者がインプットの音の連なり，つまりシークエンスの中から，何らかのパターンや規則性を発見することで進みます。暗示的学習は，単語の中の形態素の配列，そして，文の中の単語の配列の規則性を見いだすシークエンス学習としてとらえられています[16]。これは，一度しか聞いたことがない音のシークエンスと，後から聞かされた音のシークエンスが一致するかどうかを判断するテストで測定しようとしています。こ

16　N. Ellis（1996, 2002）

のような**シークエンス学習能力**は，語彙や形態素の習得に有利に働く[17]こともわかってきました。

　前述のように，MLATなど以前開発されたテストは，習得のスピードを予測するものだとされていました。スピードが速いということは，結局コースの終了時には他の人より良い成績を取るということですが，言語適性テストが予測できるのは，あくまでも習得のスピードだとされていました。しかし，現在のようなグローバル化した社会では，今まで以上に高い外国語能力が求められるようになっています。それで，最終的に母語話者並みのレベルまで言語を習得できる人を予測するテストの開発，研究が，アメリカのメリーランド大学を中心に進んでいます[18]。メリーランド大学では，政府機関の中で言語熟達度が高い職員を参加者として膨大なデータを集め，高い熟達度に到達するために必要な基本的認知能力は何かが研究されているのです。外国語のコースを履修できる期間はかぎられていますが，その後も生活の中で，あるいは学業や仕事の中で，学習者の言語能力は伸び続けているはずです。ですから，暗示的学習のメカニズムにおけるシークエンス学習能力も，重要な言語適性の要素だと考えられています。

- ●言語学習に向いている才能，素養のようなものを言語適性という。
- ●大人の第二言語習得に最も影響する学習者要因は言語適性である。
- ●言語適性には，音韻的短期記憶や作動記憶の容量，言語分析能力などが含まれる。
- ●言語適性が高い方が，習得のスピードが速い。
- ●最終的に高い言語熟達度に到達するには，暗示的学習能力（＝シークエンス学習能力）が求められる。

17　Granena（2013）
18　Doughty（2014）

6 外国語学習の適性は訓練可能か？

　外国語語学習に必要な基本的認知能力，すなわち**言語適性**そのものを訓練して伸ばすことは可能なのでしょうか。もし言語適性を伸ばせるなら，後は何か国語でもマスターできそうです。言語適性が生得的なものか，あるいは経験により後天的に変えることができるのかは研究者の間でも議論になります。

　知性研究で有名なある研究者[19]は，知性を「学校教育からどれだけ恩恵が受けられるか」を予測するものだとしていました。そして，これを応用して，言語適性も「言語学習からどれだけ恩恵が受けられるか」という潜在能力を測るものだと考えました。それで，未知の人工言語の学習を体験し，そこからどれほど学べたかで測る CANAL-FT（Cognitive Ability for Novelty in Acquisition of Language as applied to Foreign Language Test）[20] というテストが開発されました。このテストは，過去に外国語学習の経験があれば，経験値により言語適性も変化するものだという前提の下に作られました。このテストを使った研究に関する論文や著書はいくつか出ているのですが，残念ながら，テスト自体は一般公開されなかったので，あまり広まりませんでした。

　確かに，学んだ外国語の数が増えるほど，習得するのに必要な時間は短縮されると言われますが，それを科学的に証明するのは難しいです。ただし，最近は第二言語習得と区別した「第三言語習得」という分野もあり，モノリンガルとバイリンガルの言語習得を比較するような研究もなされています。ある研究[21]では，ブラジルの大学で，英語が第二言語の学習者と第三言語の学習者を比較し，第三言語として英語を学ぶ学習者の方が，CANAL-FT で測った言語適性が高かったとしています。おそらく，言語を多く学ぶほど，言語を学ぶコツのようなものは体得できるのではないかと思います。

　しかし，今の言語習得研究では，言語適性は生得的，あるいは人生の早い

19　Sternberg（1997）
20　Grigorenko, Sternberg, & Ehrman（2000），Sternberg & Grigorenko（2002）
21　Thompson（2013）

時期に固定してしまうものという見解が大勢を占めています。言語適性の研究の中には、言語適性テストと第一言語、第二言語の能力の両方の関係を調べたものがあります。たとえば、イギリスでの調査[22]で、3歳半の第一言語の統語の発達段階との相関は、第二言語との相関よりむしろ高かったことが報告されています。また、アメリカでは、6歳時の第一言語（英語）の**音韻処理能力**が、言語適性にも影響を与え、さらに第二言語の読み書き能力や口頭能力の発達にも影響を及ぼすことを示した研究[23]があります。

　実はこの音韻処理能力は、言語習得においてかなり重要な基本的認知能力です。アメリカでは、学習障害に対する手当てが日本より早くから手厚くなされてきました。今では外国語学習障害と認定される大学生がいます。アメリカは州によっては中学高校で外国語が必修でないところもあるようです。それで、大学生になって初めて外国語が必修になり、外国語以外の科目では普通以上の成績を収めるのに、外国語だけパスすることができない大学生がいることから、調査がなされました。また、第一言語でディスレクシア（難読症）だと、かなりの確率で外国語学習障害になるということです。

　問題の根っこにあるのは非効率的な音韻処理です。音韻処理は読解とは無縁のように見えますが、読解は文字を音韻情報に変換させて言語処理を行っています。したがって、音韻処理が非効率だと、第一言語の読解がうまくいかないと言われています。前節では、音韻的短期記憶が第二言語の習得初期の段階で重要だと述べましたが、音韻処理能力が意味するところは、実はもっと広いです。第一言語でリテラシースキルを発達させるためには、「**音韻意識**」が育つことが重要だと考えられています。音韻意識というのは音素を自由に操ることができる能力です。小学校入学時には、口頭能力の習得はほぼ完成し、音韻意識もある程度育っています。でも、小学校で文字学習を行うことで、文字と音の関係がさらに明確になり、音韻意識が強化されると考えられています。音韻処理の問題は、第一言語では読解で問題になるのですが、第二言語では4技能すべてに影響を及ぼし続けるとされています。

　暗示的学習のメカニズムで習得をとらえる今の習得理論では、音の習得も文法の習得も連続したものとしてとらえることができます。前節でシークエ

22　Skehan (1986, 1989)

23　Sparks et al. (2006, 2008, 2009, 2011)

ンス学習能力が暗示的学習の言語適性である可能性が高いことを述べましたが，音から文法へと連続しているなら，音素を見分ける能力も，文法の規則性を見分ける能力も，根本は同じ能力から来ているのだと考えられます。したがって，音韻処理の問題は，形態素や統語の習得とも関連があり，音韻処理が弱いと，第二言語のすべての側面に影響すると考えられるのです。

アメリカではソマリアからの移民が，第一言語で音韻意識が育っていないために，第二言語の英語で苦労することが報告されています[24]（日本でも，第一言語で読みの障害がある子どもは，音韻意識が弱いことが報告されています[25]）。ディスレクシアは，欧米語に比べると，日本語のように音と文字の関係が1対1の対応をすることが多い言語では，人口に対する出現率が低いそうです。でも，小学校の日本語で問題が露呈しなくても，中学校で英語を勉強する際に苦労するケースがあるということです。

日本の海外からの帰国生を対象にした調査で，6歳あたりで海外に出ると日本語も第二言語の英語も両方で苦労するケースが多い[26]とされています。外国語学習障害の事例などから類推すると，本来，小学校で音韻意識を強化するべき時期に海外に出て，日本語で音韻処理能力を確立する機会を逃してしまったのではないかと思います。また，第二言語の英語でも，すでに6歳という年齢では英語の母語話者とスタートラインが違いますから，同等の音韻処理能力を身につけることは難しくなります。第一言語で音韻意識が育っていれば，言語が違っても，音韻処理能力は第二言語に転移できるとされています。このように見てくると，言語適性は，人生の早い時期には決まってしまう構成要素が多いように思われます。また，移住などの環境的要因が影響して，本来発達すべき基本的認知能力が発達しないこともあると思います。

日本語教育でも，外国人子弟が公立の小中学校に入ってくるようになり，年少者の日本語教育の必要性がますます高まっています。第一言語で音韻処理能力を確立することの重要性を考えると，彼らの第一言語の習得，維持にも配慮することが大切だと思います。また，音韻処理能力の観点から見ると，外国人に日本語を教える際に，まずは耳からのインプットをたくさん入

---

24 Tarone & Bigelow（2004, 2005）

25 飯高（2006）

26 箕浦（2003）

れ，音の体系をしっかり確立させ，効率の良い音韻処理につなげることは意味のあることだと思います。

　言語適性には音韻処理能力以外にも，認知的作業場である**作動記憶**の機能に関わるものが含まれます。中でも最も研究されているのは，作動記憶の容量です。作動記憶の容量は，第一言語でも第二言語でも，使える容量は一定です。ただ，スキルが自動化すると，その処理に必要な容量は縮小し，そこに新たな学習スペースが生まれると考えられています。ですから，本来の容量を測るには，第一言語で測ればよいとされています。この作動記憶は 20 歳をピークに機能が落ちていくので，同じ人でも言語を学ぶ年齢によって発揮できる言語適性は変わってくるかもしれません。

　また，作動記憶は，容量だけでなく，情報の処理速度や，不必要な情報には注意を向けないようにする注意制御の機能も，特に高い熟達度を目ざすなら重要だと考えられています。言語適性は，さまざまな構成要素の複合体で，学習者はそれぞれに強み，弱みがあるという適性プロフィールを持っていると言われています。これまでの学習ストラテジーの研究では，ストラテジーのトレーニングの効果があまり見られなかったことから，学習者を変えるより指導を変える方が効率的だ[27]されています。このような考え方は，もともと心理学の分野で提唱され，「**適性処遇交互作用**[28]」と言われています。すなわち，学習者の適性プロフィールに合わせて指導方法を変えると，指導の効果が最大限になる[29]というものです。

　ただし，実際問題として，日本語教育で一つのレベルに異なる教え方をするコースを複数置くというのは難しいように思います。また，学習者に合わせて，たとえば言語分析能力が高いという理由で文法重視の授業をしてしまったら，本来学習者が身につけるべき伝達能力は習得されなくなります。言語分析能力が高い人は，おそらく，文法重視の授業に向いているのではなく，文法を教えられなくても自分でパターンを見つけられるタイプの学習者なのだと思います。文法説明が必要なのは，むしろ言語分析能力が低い人の方でしょう。言語適性のプロフィールと教授法のマッチングというアイディ

27　Sawyer & Ranta（2001）

28　Snow（1987）

29　Robinson（2002）

アは魅力的ですが，授業では，第二言語習得研究から良いと言われている方法で学習者の習得を促進させ，授業外で学習者の弱みを補うのが現実的ではないかと思います。

●学んだ外国語の数が増えれば，言語学習のコツのようなものは体得できるが，言語適性を構成する基本的認知能力は，生まれながらか，人生の早い段階に固定してしまう。

●効率的な音韻処理ができることは，第一言語のリテラシースキルの発達に重要である。第一言語で効率的な音韻処理が確立できていないと，第二言語では，その影響が4技能に出る可能性がある。

●学習者には言語適性の中でも構成要素により強みや弱みがあり，その適性プロフィールに合わせて指導方法を変えると，教室指導の効果が最大限になるという考え方がある。

7　やる気があれば最後は言語習得に成功するか？

　人生において，やる気がある人，意欲の高い人の方が何にでも成功するだろうということは容易に想像がつきます。外国語を一つマスターするには長い時間，年月がかかりますから，学習を始めるときにやる気があるというだけでなく，それを維持しなくてはなりません。第二言語習得研究で，やる気や意欲は「**動機づけ**」という一つの学習者要因として研究されています。年少の時期に外国語学習を始めていなくても，言語適性と動機づけが高ければ，大人でも高い外国語の運用能力を身につけることができるだろうと考えられます。

　動機づけは，どのような理由やきっかけで外国語の勉強を始めたか，ということだけでは不十分です。学習行動がともなってこそ動機づけがあると見なされます。本節では，動機づけとは具体的にどのようなものなのか，どのようにして形成されるのかを見ていきたいと思います。

　初期の動機づけ研究の代表的なもの[30]は，「**統合的動機づけ**」「**道具的動機づけ**」の分類です。統合的動機づけとは，目標言語が話されている社会や文化に同化したいという願望から外国語を勉強する場合です。道具的動機づけとは，進学や就職に有利だからというような実利的な理由で外国語を勉強する場合のことをさします。日本語学習者についても，どちらの動機づけがいいかというようなことが研究されたことがありますが，明確な答えは出ませんでした。

　もともとはバイリンガル環境にあるカナダで研究が始まったのですが，カナダ以外の国や地域では，統合的動機づけはそもそもあてはまらないのではないかと批判されたりもしました。しかし，提唱者自身は，動機づけをいくつかのタイプに分類することにはあまりこだわらず，動機づけの程度や強さがどれほど外国語学習に関わっているかを示すことが重要だと考えていました[31]。

　「統合的／道具的動機づけ」の研究から発展した動機づけのモデルは，「**社会教育的モデル**」（図 2-5）と呼ばれています。「社会」ということばが入っ

30　R.Gardner（1985）

31　R.Gardner（2010）

ているのは，外国語の学習が，その言語に特有の文化的なパターンを見つけ，場合によっては，自己の帰属意識に変化をもたらすという側面があるからです。その意味では，外国語は，学校で学ぶ他教科の学習とは異なるものだととらえています。また，「教育的」というのは，学習者は教師や教授法に敏感に反応し，学習の成否にも影響を与えるということを示唆しています。

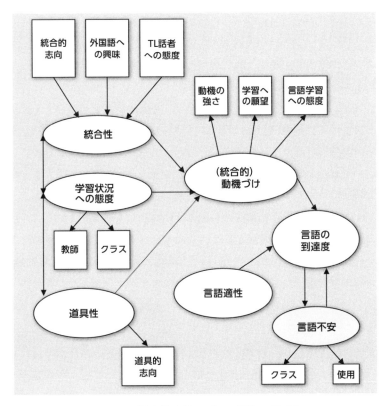

図 2-5　社会教育的モデルの概念の図式化
(Gardner (2010) に基づく；小柳 2018b, p.156)

　実は，このモデルでは，統合的動機づけ，道具的道具づけという用語は使われていません。動機づけの前提となるものに，「統合性」と「学習状況への態度」をあげています。統合性とは，他言語のコミュニティーにできるだけ近づくために，外国語学習に純粋な興味を持っているということです。学

習状況への態度とは，教室環境やコース，カリキュラム，教師やクラスメートに対して肯定的に思っているかどうかということです。言語学習の実用的な価値を反映した「道具性」は，動機づけに対する補助的なものだと見なされています。また，動機づけは，「動機の強さ」「学習への願望」「言語学習への態度」の三つの総和で表します。動機の強さとは，言語学習に費やす努力を示しています。努力しているという行動が見られないと，動機づけとは見なされません。二つ目の学習への願望とは，目標を達成しようとする強い望みのことです。三つ目の言語学習への態度とは，言語学習に感じるやりがいや喜びを示すものです。これらの三つが高いと，動機づけが高いと見なされるのです。

　もう一つの動機づけの分類で有名なのが，「**内発的動機づけ**」と「**外発的動機づけ**」です。内発的動機づけとは，純粋な興味や関心から外国語を学習する際の動機づけです。外発的動機づけとは，外からの強制（賞賛や叱責回避など）で外国語を学習する際の動機づけのことをさしています。背景には「**自己決定理論**[32]」という理論があり，動機づけの発達モデルとして提案されています。最初から純粋な興味で外国語を始める学習者もいるでしょうが，学校の教科として必修で学ばなくてはならない場合など，興味がそれほど持てないケースもあります。したがって，最初は全く動機がない「**無動機**」，あるいは外発的動機づけで始まってもいいのですが，次第に自ら外国語学習の価値を見いだし，内発的に動機づけられて行動できるまでの，動機づけの発達プロセスがあるととらえられています。

　昨今は，日本のアニメや漫画に魅かれて日本語の勉強を始めたという若者が多いですが，それは単なるきっかけであって，そこからもう一歩踏み出して行動を起こしていかないと，なかなか本当の動機づけにはつながらないように思います。アニメや漫画から日本語に興味を持つようになったとしても，勉強を始めてみたら日本語は想像以上に難しくて，かえって失望感が大きかったという話も聞きます。筆者が上級まで続けられる学習者を観察していると，最初はアニメや漫画への興味から日本語をやろうと思ってもいいのですが，かなり早い段階で，日本語自体が美しい言語であるとか，文化の背景

32　Deci & Ryan (1985)

にある精神性に魅かれるというように，さらに踏み込んで言語や国のことが好きになり，もっと知りたいと強く念じることが大切であるように思います。

さらに，動機づけを「**特性的動機づけ**」と「**状況的動機づけ**」に分ける[33]ことがあります。特性的動機づけは，一般的な動機づけのことで，何でも一生懸命やるという人は，この動機づけが高いのだと思います。もう一つの状況的動機づけは，場面や状況によって変化する動機づけのことです。しかし，外国語学習の状況における動機づけは，一つにくくれないとして，さらに，動機づけの細かい階層が示されています[34]（図2-6を参照）。たとえば，外国語学習全般に対してはやる気があるけれども，ある学期の外国語のクラスはあまり好きではなかったとか，クラスは好きなのに，その中のある特定の活動には意欲が持てなかったということがあると思います。

言語レベル	統合的動機づけサブシステム 道具的動機づけサブシステム
学習者レベル	達成のニーズ 自信 ・言語使用不安 ・L2能力の自己認識 ・原因の帰属 ・自己効力観
学習状況レベル 　コース固有の動機づけ 　コンポーネント	興味 適切さ 期待感 満足感
教師固有の動機づけ 　コンポーネント	連帯願望（affiliative drive） 権威のタイプ 動機づけの直接的社会化 ・モデリング ・タスクの提示 ・フィードバック
集団固有の動機づけ 　コンポーネント	目標志向性 規範及び報酬システム 集団の結束性 教室の目標構造

図2-6　外国語学習の動機づけのコンポーネント
(Dörnyei, 1994b; 小柳 2018b 訳, p.167)

33　Tremblay, Goldberg, & Gardner（1995）
34　Dörnyei（1994a）

　このモデルでは，動機づけに三つのレベルを想定しています。言語レベルの動機づけは，社会教育的モデルが示すような，外国語学習の価値や目標言語にふれる機会に関わる社会的な動機づけをさしています。二つ目の学習者レベルの動機づけは，自己決定理論が示すように，外国語学習の価値をどれだけ自分の中に取り込めるかということに関わっています。そして，三つ目のレベルとして学習状況をあげています。この中にはコース固有の動機づけと，教師との関係により変化する動機づけと，さらに外国語を学ぶ教室のクラスメートとの関係により形成される動機づけが含まれています。学習者の中には，ある学期のコースの教師やクラスメートと相性が悪くて，一時的に動機づけが下がることがあるでしょう。でも，言語レベルや学習者レベルの動機づけが安定して高いと，その学期でやめてしまうことなく外国語学習が続けられるようです。

　このように，動機づけは，さまざまな要因が絡み，時間の経過とともに変化し得るダイナミックなものです。動機づけの効用は，学習を継続する意思につながることだと考えられています。外国語の熟達度に関しては，言語適性の方が直接的な説明力は高いとされています。もちろん，動機づけが高いと外国語学習を長く続けられるので，必然的に上級のクラスまで上がってくることも多いと思います。いずれにしても，地道に努力していかなくては覚えられない外国語の学習には，動機づけは欠かせないものだと考えられています。

- ●動機づけは外国語をマスターしたいという願望ではなく，行動がともなってこそ，動機づけと言える。
- ●学習者は，最初は無動機の状態で，外から強制されて外国語を始めることもあるが，そこから外国語学習への意味や価値を見いだして動機づけられるプロセスが重要である。
- ●外国語学習の動機づけには階層があって，外国語学習への興味や価値を安定的に認めていれば，一時的に学習状況への不満で動機づけが下がっても，学習を継続することができる。

8　学習者の動機づけを高めることは可能か？

　動機づけの研究の中には「**動機減退**」について調べたものもあります。動機が減退する大きな原因は，教師や教授法だと言われています。教師や教授法に問題があってやる気がなくなるなら，反対に，そこを解決すれば，教師が学習者の動機づけを高めることができそうに思えます。前節で，最初は強制されて始めた外国語学習でも，そこに次第に純粋な面白さや興味を見いだしていく動機づけの変化のプロセスがあることを述べました。そのプロセスにおいては，やはり教師のサポートが重要だとされています。

　また，学習者の外国語を勉強したいという気持ちがどんなに強くても，長い年月をかけて学ぶ外国語語学習においては，動機づけにも波があります。最近では，動機づけを維持するための学習者自身の工夫も，新たな学習ストラテジーだと言われています。本節では，教師側の学習者の動機づけを高めるストラテジー，および学習者自身が動機づけを維持し，さらに高めるためのストラテジーについて考えたいと思います。

　動機づけは外国語学習を始める理由ではなく，外国語学習に熱意を持って取り組む行動をともなうものだという考え方が，第二言語習得研究で一般に受け入れられています。ドルニエイ[35]いう研究者は，近年とみに動機づけに関する新たな理論やモデルを次々に発表していて，その中で，動機づけの「プロセスモデル」も示しています。図 2-7 にあるように，動機づけのプロセスを，行動の前段階と行動の段階，行動後の段階と三つの段階に分けています。行動の前段階の動機づけを「**選択的動機づけ**」と呼んでいます。外国語を学ぶことを選び，まさに始めようというときの動機づけです。そして，実際に行動する段階と行動後の内省の段階の動機づけは「**実行的動機づけ**」と呼んでいます。これらの三つの段階は明確に分けられるものではなく，オーバーラップするところもあると考えられています。特に，行動の段階と行動後の段階は，外国語学習のプロセスの中で，何度も繰り返されるものだと思います。

35　Dörnyei（2002）

　さらに，このプロセスに合わせて，教師が何をするべきかということも示されています（図 2-8 参照）。学習者が自ら選択して外国語を履修する場合は，すでに何らかの動機づけを持っています。でも，必修だからとか親に言われたというような理由で教室に現れる学習者には，特に教師のサポートが必要です。図 2-8 の一番上にある動機づけ環境の創成は，教師の重要な役目だと思います。教師がいつでも学習者をサポートするという雰囲気作りや，学習者同士が打ちとけて，ペアワークやグループワークがやりやすいような学習環境作りが必要だと思います。また，コースが始まった初期の段階では，学習者に外国語の学習が面白い，楽しいと感じさせることや，達成可能な目標を示して学習者を励ますことも必要でしょう。

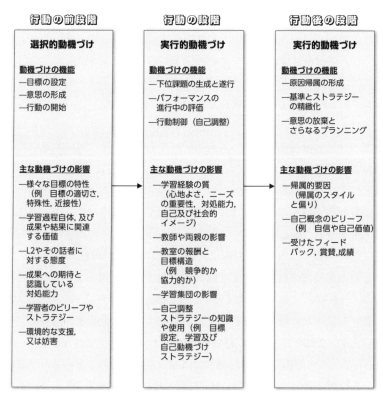

図 2-7　L2 教室における学習の動機づけのプロセスモデル

(Dörnyei, 2002; 小柳, 2018b 訳, p. 173)

　このようにして動機づけの生成を促したら，今度はその動機づけを維持し保護しなくてはなりません。授業の初日にはシラバスでコースの目的，目標が示されていると思いますが，さらに日々のレッスンでも目標を明確にして，それを達成するための教室活動を行うことも重要です。

基本的な動機づけ環境の創成
・適切な教師の行動
・教室の心地よくサポート的な雰囲気
・適切な集団規範を伴う結束した学習者集団

初期の動機づけの生成
・学習者の L2 に関わる価値や態度を強化する
・学習者の成功への期待感を増強する
・学習者の目標志向性を増強する
・教材を学習者に適切なものにする
・現実的な学習者の信念を創成する

肯定的な追観的自己評価の促進
・動機づけの帰属を促進する
・動機づけに関するフィードバックを提供する
・学習者の満足感を増強する
・動機づける方法で報酬やグレードを与える

動機づけの教育的実践

動機づけの維持と保護
・学習を刺激的で楽しいものにする
・動機づけるようにタスクを提示する
・明確な学習者の目標を設定する
・学習者の自尊心を保護し，自信を高める
・学習者が肯定的な社会的イメージを維持できるようにする
・学習者の自律性を育てる
・自己動機づけストラテジーをを促進する
・学習者間の協力を促進する

図 2-8　L2 教室における動機づけの教育実践のコンポーネント
（Dörnyei, 2001; 小柳, 2018b 訳, p. 177）

　また，学習者自身が自ら学習に取り組んでいるという実感や，課題の達成感を味わえるような授業の工夫も必要だと思います。行動したら，行動後の評価の段階になりますが，学習者の努力をポジティブに評価し，行動がうまくいかなかった場合でも，課題を遂行する方法やストラテジーがまずかったというように，原因が学習者の能力ではなく，それ以外のところにあるというように学習者を納得させ励ますと，さらに次の学習につながるようです。

　前節で引用した**自己決定理論**では，ヒトには三つの生得的な心理的欲求があるとしています。一つ目は「有能感」で，目標を達成して自分に能力があることを見せたいという欲求です。二つ目は「自律性」で，自らの意思で行動を選択して自律的に行いたいという欲求です。三つ目は「関係性」で，他者と関わりたいという欲求です。教室という社会の中で，この三つの心理的欲求が満たされるように教師がサポートすれば，学習者が動機づけを高め，維持するのに役立つと考えられています。

　また，動機づけを高め，維持するためには，教師側が学習者の動機づけを引き出し刺激するストラテジーを用いるだけでなく，学習者自身の努力も必要です。学習者が自らの動機づけを維持するために「**自己調整ストラテジー**」を用いるべきだとする研究者[36]もいます。この「自己」という概念については，「**L2 動機づけの自己システム** [37]」というモデルが提案されています。このモデルの中心となるのが，「**理想的自己**」「**義務的自己**」と「L2 学習の経験」です。

　理想的自己とは将来なりたい自分が有する特性を示したもので，外国語の高い熟達度に到達した自分が理想的自己であれば，現時点の自分とのギャップを埋めるために，外国語学習をもっとがんばろうと思う，その原動力になります。「義務的自己」は外発的，道具的動機づけに近いですが，将来ならなければならない自分をイメージし，今の自分とのギャップを埋めようとすることで，外国語学習の継続意思につながると考えられています。もう一つは，動機づけ形成に影響する要因として「L2 学習の経験」があげられています。この中には，カリキュラムや教師，学習者集団との関係などが含まれ，経験がポジティブなものであると動機づけが高まるとされています。

36　Guilloteaux & Dörnyei（2008）

37　Dörnyei（2005）

　動機づけの自己システムでは，大学生以上になると義務的自己との関係は弱くなり，理想的自己を強くイメージしていることや学習経験が重要になるようです。大人は特に，外国語全般及び外国の文化に広く興味を持つことと，外国語を学ぶ実用的な価値を見いだすことにより，外国語学習の意義を自分なりに見いだしていくことが理想的自己に近づくとされています。筆者も上級まで続けられる学習者を観察すると，単にアニメや漫画が好きというだけではなく，日本語や日本文化へもっと深い関心を抱き，日本語を勉強することを心から楽しんでいるように見えます。外国との行き来が比較的容易になっている現在，特に国際公用語とも言える英語以外の言語を学ぶ場合には，グローバル化した社会の一員になりたいというような国際志向を強く持つと，外国語の学習経験をポジティブにとらえられるようです。

　また，理想的自己を形成する際に，外国語学習の将来像をどれほど鮮明にイメージできるかというのは一つの能力で，ここにも個人差があると言われています[38]。教師の動機づけを高めるストラテジーは，学習者中心，自律学習など，今や外国語教育のキーワードになっていることを促進するものが多いです。良い授業をする教師の授業は，自ずと学習者のやる気を引き出す授業になっているはずです。また，学習者が，外国語を身につけた将来の自分を強く念じ，学習経験をポジティブにとらえていく自己調整ストラテジーとの相乗効果で，外国語学習に良い環境が生まれるのだと思います。

38　You, Dörnyei, & Csizér（2016）

●教師は学習者の動機づけのプロセスに応じて，学習者の動機づけを
　高めるストラテジーを用いるとよい。
●教師が学習しやすい教室環境を作ること，目標が明確で達成感を感
　じさせる授業をすること，課題がうまくできなかったときにサポー
　トすることなどは，学習者の動機づけを高め，維持するのに役立つ。
●学習者は，外国語の熟達度を身につけた将来の自分を強く念じ，そ
　れに向かって授業の中で小さな喜びや達成感が得られるように努め
　るような自己調整ストラテジーを使って，動機づけを維持すると良
　い。また，それが，新たな学習ストラテジーだと言われている。

　日本人の多くは英語にコンプレックスがあるからか，自分の子どもには早くから英語を習わせたいとか，インターナショナルスクールに入れたいと考えることがあるようです。また，ちまたでも，ここ何年も小学校への英語教育の導入が議論になっていました。筆者の周囲には日本語教師が多いせいか，「英語よりまず日本語をしっかり勉強してほしい」と言う声の方が大きかったです。

　では，外国語の学習を始めるのは，本当に早ければ早い方がいいのでしょうか。外国語の早期教育を求める背景には，第一言語習得で言われる「**臨界期仮説**[39]」の影響が大きいと思います。第一言語では，病気や事故で後天的に脳に損傷を負った場合，それまでに習得していた第一言語が失われたり，年齢相応レベルまでの十分な回復ができないことがあります。それが思春期以降だとされています。つまり，言語を学ぶのに，ある時期を逃すと習得できなくなるという決定的な時期，**臨界期**があるということです。

　それで，外国語も早くから始めた方がいいと考える人が多いのだと思います。外国語にかぎらず，何でも早くからやった方がいいと思う親は多いかもしれません。確かに，プロゴルファーやテニス選手，ピアニストやバイオリニストは3〜4歳頃から練習を始めたと言う人が多いです。プロレベルとなると，スポーツや楽器のような手続き的知識の習得には，早い方が有利なのは事実でしょう。しかし，もう少し年齢が高くなってから始めても，十分にスポーツや楽器を趣味として楽しむことはできます。外国語を何歳から始めるかは，子ども自身には選択権がないことが多く，親が決めたり，学校制度上の問題もありますので，大人は外国語学習と年齢の問題をよく理解しておく必要があると思います。

　臨界期が第二言語習得にどこまであてはまるのかは，研究者の間でも議論になっています。臨界期と言ってしまうと，期間に始まりと終わりがあって，

39　Lenneberg（1967）

ドアが開いている間なら習得できるけれども，ドアがピシャリと閉まってしまえば，もう習得が不可能というような印象も与えます。それで，「臨界期（critical period）」ではなく，若干弱めのニュアンスの「**敏感期**（sensible period）」という語の方が好ましいと考える研究者もいます。つまり，習得に好ましい時期があるということで，その時期を過ぎると絶対に習得できないというわけではありません。

　また，第二言語では，言語領域によって臨界期が異なるとも言われています[40]。たとえば，発音に関する臨界期は早く，6歳とも言われています。でも，文法はもっと遅いと考えられています。それから，早く始めるというより，ある時期に集中して外国語を勉強することが重要だという考え方もあります。日本語は，学習者が自分の国で中学や高校から始めるケースや，あるいは高校を卒業してから大学に入って始めたり，高校を卒業してから日本に留学して日本語学校で学ぶことも多いです。日本語の学習開始年齢は，比較的高いかもしれませんが，その中から仕事や学業でも日本語を使いこなせる学習者は育っているように思います。特に留学生の場合，日本に住んで日本語学校で学ぶという混合環境にあって，しかも日本語学校の授業時間は多いですから，多少年齢が高くても，習得には良い環境と言えるでしょう。

　大人と子どもの第二言語習得を比べると，学習のスピードや最終到達度には違いがあります[41]。なんでも子どもがすぐれているわけではなく，学習の初期段階，特に形態素や統語に関しては，大人の方が速いと言われています。認知的な能力がすでに発達している大人は，文法の把握には有利なので，当然でしょう。また，年長の子どもも年少の子どもより，初期の段階では習得が速いようです。年少の子どもは，現地の子どもとただ遊んでいるだけのことが多く，年少の時期にどんどん第二言語を習得しているわけではありません。ところが，最終到達度を見ると，6歳までに第二言語環境に移住すると，ネイティブ並みになるケースが多いということです。7歳以降になると，音声やコロケーション（ネイティブらしい言い回し）や形態素や統語でも，ネイティブ並みになるのは難しいとされています。もちろん，ネイティブ並みになる例外もいます。

40　Seliger（1978）

41　Krashen, Long, & Scarcella（1979）

　前章で，言語処理や言語習得のメカニズムは暗示的で，**手続き的記憶**（知識）に基づくものだと述べました。子どもの成長過程で最初に発達するのが手続き的記憶で，これはヒトより下等な動物にもあるとされています。しかし，7歳以降，特に小学校高学年になると，**宣言的記憶**がどんどん発達します。ちょうどその頃，学校の教科の内容が難しくなるので，そのような勉強にはうまくできた記憶の仕組みです。でも，言語も宣言的記憶に頼って学んでしまう傾向があるので，年齢が高くなると，外国語を学んでもなかなか使えるようにならないのです。ただ，年齢の問題をあつかった研究は，アメリカへの移住者を対象にしていることが多く，おそらく第一言語は失われているのではないかと思いますが，その点には言及されていません。

　ここで年齢と大いに関係があるバイリンガルの問題についても見てみましょう。日本では，バイリンガルとかトリリンガルというと，華やかで憧れの対象のようにもてはやされることがあります。でも，20世紀初頭のカナダでは，バイリンガルはかなり否定的にとらえられていました。かぎられた容量の頭の中に二つの言語があるということは，それぞれの言語について半分しか使えないということなので，バイリンガルはモノリンガルより劣ると考えられていたのです。バイリンガルという語は安易に使われがちですが，本当にバイリンガルな人とはどんな人でしょうか。厳密な完全バイリンガルの定義は，二言語とも，同年齢のモノリンガルの言語能力と同等レベルにあるということです。両言語ともそれぞれのモノリンガルと同じレベルというのはかなり厳しい条件ではないでしょうか。

　バイリンガルの言語能力を「**基本的対人伝達能力**（BICS：Basic Interpersonal Communicative Skills）」と「**認知学力的言語能力**（CALP：Cognitive Academic Language Proficiency）」に分けることがあります。前者のBICSが2言語で使えるというバイリンガルは多いと思いますが，後者のCALPはどちらかの言語の方が強いというケースが多いような気がします。というのも，どうしても小学校に入学する段階になると，学習する言語がどちらかに決まってしまうからです。ただ，BICSは会話力でCALPは読み書き能力というような単純な区別ではなく，CALPの中に，認知的会話能力，つ

まり抽象的な話題について討論できるというような口頭能力も含めるべき[42]
だとされています。日本の年少者教育では，BICS と CALP の代わりに，
「生活言語」「学習言語」という用語がよく使われますが，現場の教師には，
生活言語の習得には 2 年，学習言語には 5 年程度を要するという実感がある
ようです。

　二言語のバランスについて，第 6 節でも言及した日本の帰国生を調べた研
究[43] では，9 歳が習得の分岐点だとしています。この年齢で渡米した子どもの
中から，日英語両方に堪能になるケースが多く出るようです。でも，それ以
前では，どちらかが失われる傾向が強いようです。特に 6 歳未満だと，1 年半
で英語が優位になることが多く，日本語は十分に発達しない可能性がありま
す。11 歳以降になると，慣れるまでに日常会話に 2 年，授業に 3 年，本来の
実力を発揮するのに 4 年かかるということです。筆者は，学生時代には，海
外に住んだだけで英語ができる帰国生がうらやましいと思っていましたが，
バイリンガリズムを勉強して，実は海外にいても日本に戻ってからも苦労が
多いことを知りました。また，言語の発達は，言語だけの問題ではなく，認
知的発達にも影響があります。バイリンガル環境に置かれたために本来の認
知的能力を伸ばせないとしたら，周囲の大人の責任は大きいと思います。

　このようなバイリンガルの言語能力を説明する理論に**「共有基底言語モデ
ル[44]」**があります。これは，第一言語も第二言語も，氷山のように表面に現
れている言語能力はほんの一部ですが，その根底には二言語の言語能力を支
える共通の基盤があるという考え方です。つまり，二言語の発達は相互に影
響し合うと考えられます。このモデルでは，どちらかの言語（通常は第一言
語）をしっかり発達させれば，言語能力だけでなく，認知的転移が起きる，
すなわち，どちらかの言語で発揮される認知能力がもう一つの言語でも発揮
されると考えられています。

42　中島（2005）

43　箕浦（2003）

44　Cummins（1980, 1981）

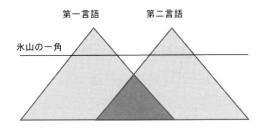

第一言語　　　第二言語

氷山の一角

図 2-9　共有基底言語能力モデル（Cummins, 1980, 1981 に基づく）

　教科学習を第二言語で行うイマージョン教育のカナダの事例では，中学か
らイマージョンを始めても，小学校からイマージョンを始めた学習者と遜色
のない認知的会話能力が習得されていたということです。また，欧米語間だ
けでなく，漢字圏の言語間の転移についても，在日台湾人の子どもの読解力
を調べて，年長（11 歳以降）で来日した方が日本語の読解力が高かったと
いう報告[45]があります。すでに漢語を第一言語で習得していた方が，日本語
の読解にも有利だったようです。したがって，生後から言語の異なる国際結
婚の両親の下で育つ場合は少し事情が異なりますが，通常は，第一言語を
しっかり発達させていると，第二言語も発達させやすいと言えます。

　では，共有基底言語能力モデルの根底にある能力とはどんなものでしょう
か。それが何かは長い間曖昧なままでしたが，近年，それは**音韻処理能力**で
はないかと言われています。第一言語を習得する際に，子どもは母音や子音
がおおよそ認識できるようになると，アクセントやイントネーションなども
ヒントにして，音の連なりから，意味ある語を切り出すことができるよう
になります。第 1 章第 3 節で紹介した暗示的学習の習得観では，音のパター
ンを見いだすところから，文の内部の構造のパターンを見いだすところま
で連続線上につながっています。したがって，音韻処理能力は言語の習得の
基礎になるものだと考えられます。実際，小学校の入学時に口頭能力として
の第一言語が習得されていないと，外国に移住して現地の言語の習得に苦労
する事例は，アメリカのソマリア難民について報告されています。筆者が帰
国生を見ていても，5〜6 歳あたりで渡米してそのままアメリカで育つと，

45　李（2006）

CALP の面で，実は日英両言語に苦労するケースが多いように思われます。

　音韻処理能力にはいろいろな側面がありますが，音の単位を見分けたり自由に操作できるスキルを「**音韻意識**」と言っています。小学校入学時には口頭能力としての第一言語の習得はほぼ完成していて，音韻意識も育っています。でも，小学校で文字学習をすることにより，音韻意識はさらに強化されます。6 歳あたりで移住すると，第一言語で音韻意識を強化する機会は失われることが多いです。そこに，第二言語が入ってきても，第二言語のモノリンガルとはすでに何年ものハンディがあり，音韻意識の発達がどちらの言語でも中途半端になるのではないかと考えられます。第 6 節でも述べましたが，外国語学習障害と認定されるような学生は，第一言語の音韻処理能力が弱いとされています。しかも第一言語ではリテラシースキルに影響が出ますが，第二言語では 4 技能に影響を及ぼし続けるとされています。このような研究成果を知っておくと，第一言語を十分発達させることの重要性が理解できるでしょう。

　昨今，日本在住の外国人が増えており，その子弟が公立の小中高校で学んでいます。親に連れて来られて日本に移住した子どもには責任はないのですが，年齢が低くても高くても，どちらにしても苦労することがありそうです。また，海外では継承語としての日本語教育のあり方も議論されています。2 言語間で揺れる子どもたちのために，年齢に応じ，二つの言語をどう伸ばし維持するのかは配慮すべき重要な問題だと言えます。完全バイリンガルになるのは難しいですが，本当のバイリンガルになれた暁には，思考が柔軟になり論理的思考力や言語的なセンスが培われるなど有利な点がいろいろあると言われています。言語習得は，認知能力の発達や個人のアイデンティティにも関与するので，学習者の年齢は慎重に考えなくてはならない問題だと思います。

● 第一言語には思春期を過ぎると習得が難しくなるという臨界期が存在する。

● 第二言語は発音やコロケーション（ネイティブらしい言い回し）の習得の臨界期は早い（6歳頃）が，文法に関してはもっと遅いとされている。

● 早く外国語学習を始めるというより，若いときに，ある時期，集中して学ぶことも重要だと考えられている。

● 移住などで第二言語環境に置かれた場合，第二言語を始める年齢により，それぞれの苦労がある。

● バイリンガルには根底に核となる2言語に共通の能力があり，第一言語が発達しているほど，第二言語も発達させやすい。

10　学習者の性格や学習スタイルの好みは外国語学習に影響するか？

　学習者の中には，完璧主義で話し始めるまでに時間がかかる人もいれば，最初から習ったことをどんどん使ってみる人もいます。不安症で，人前のパフォーマンスでは極度に緊張するという学習者もいます。耳から覚えるのが得意な人もいれば，文字に頼らなければ不安になる人もいます。このような学習者の性格や学習スタイルの好みは，どれほど外国語学習に影響するのでしょうか。年齢，言語適性，動機づけ以外にも第二言語の習得過程に影響する要因はさまざまです。本節では，そのような個人差を生み出す要因を考えてみたいと思います。

　性格ですぐに思いつくのが，**外向的**か**内向的**かということでしょう。積極的に人とどんどんコミュニケーションをするタイプの外向的な人の方が，習得には有利なように思えます。しかし，実は心理学の厳密な定義でいうと，外向的というのは，他者からの承認により自己評価を高めるという性格です。一方，内向的というのは，他者に照らし合わせることなく自己を確立できる性格だとされています。つまり，長い時間をかけて習得しなくてはならない外国語には，内面的に自己をしっかり持っている内向的な性格の学習者の方が，地道に努力するという可能性が高いです。そうすると，内向的な性格でも決して不利にはならないように思えます。実際，外向的な人の方が言語能力が高いとは必ずしも言えないようです。

　教室では，内向的な人でも教室活動に参加しやすいように，ペアワークなど小さいグループで練習した後に，クラス全員の前でパフォーマンスするなど，できるだけ話しやすい雰囲気を作ってあげることが大切だと思います。また，外向的な人は，教室でも教室の外でもどんどん話すのはいいのですが，間違ってもあまり気にしない性格だと，誤りが定着してしまうこともあるので，注意が必要です。第二言語習得の研究では，ペアワークをする際に，内向的な学習者と外向的な学習者を組み合わせて，内向的な学習者が情報を提供する側，外向的な学習者が情報の受け手に回ると，意味交渉が起

き，効果があったという研究結果[46]も出ています。

外向的でどんどん話すタイプの学習者は，失敗を恐れずに**リスク・テイキング**をすることが多いかもしれません。でも，誤りがあっても気にしなくて，その誤りがそのまま定着してしまっては困ります。でも，自分なりの仮説に基づき使ってみて，通じたらそれが肯定証拠になりますし，通じなかったらフィードバックをもらえるかもしれないので，悪い面ばかりではありません。

反対に，リスク・テイキングを避けるような学習者は，常に不安を抱いているのかもしれません。外国語学習は，人前で発表したり，オーラルのテストを受けたりと，もともと不安症の学習者には，緊張を強いられる場面が多いです。このような外国語学習特有の不安を「**言語不安**[47]」と言っています。ただ，言語不安の中には，適度な緊張感があることで良い結果を生むタイプの不安もあるので，言語不安がゼロの方がいいというわけではありません。教室では，コースの目的が明確で，それに基づき一貫性のある教室活動，評価が行われていると，学習者の不安は軽減されるようです。言語不安が低い学習者は，動機づけが高いとも言われています。

このように，学習者の性格は大なり小なり言語習得のプロセスに影響を及ぼしますが，どんな性格がいいとは一概には言えず，習得への影響は，比重としてはそれほど大きくないと言われています。しかし，教室では，教師はできるだけ学習者一人一人の性格を把握し，コミュニケーション活動がしやすい雰囲気作りをするべきだと思います。

そのほかにも，学習者の**学習スタイル**の好みや**学習ストラテジー**の使用も，習得に影響を与える要因です。学習スタイルの典型は，耳から学ぶのが好きか，文字から学ぶのが好きかという好みでしょう。第二言語習得のプロセスを考えると，まずは耳から入れて第二言語の音の表象を頭の中に作り上げることはとても大事なことです。しかし，文字に頼りがちな学習者には，音を聞き取ることがまず大事であることを納得させた上で，後から文字で確認できるようなサポートも必要でしょう。

学習スタイルの中で，最もよく研究されてきたのは，「**場独立型**」と「**場**

46　Porter（1986），Cameron & Epling（1989），Yule & Macdonald（1990）など
47　MacIntyre & R. Gardner（1991）

依存型」という認知スタイルです。ヒトが何かを見たときに，何が地（背景）で，何が図（前景）と判断するかにおいて個人差があると言われています。場独立型の人は，背景と前景がくっきりと分かれて見えるので，分析的思考の強い人だと言われています。一方，場依存型の人は，背景と前景が混ざって見えるようなタイプで，全体思考をする傾向があるとされています。

　ひと頃，「ウォーリーを探せ！！」という絵本がはやったことがありましたが，すぐにウォーリーを見つけ出せる人は，場独立型だと思います。場独立型の人は文法のペーパーテストに強く，場依存型の人はオーラルのパフォーマンステストに強いとも言われています。ただ，学習者をこの二者択一で両極に分けるのは難しく，どちらの傾向とも持っている学習者もいるようです。また，場独立型が分析的なタイプだとすると，言語適性の言語分析能力との違いが不明瞭で，だんだん研究されなくなりました。でも，学習者の一つの傾向として知っておくべき学習者スタイルだと思います。

　それから，学習スタイルと並んで，学習ストラテジーについても研究されてきました。学習ストラテジーは，できる学習者は，それを使っていると自覚していなくても使っていることが多いとされています。しかし，学習ストラテジーを教えるトレーニングをしても，学習者を変えるのは難しかったとされています。学習ストラテジーは，**メタ認知ストラテジー**，**認知ストラテジー**，**社会情意的ストラテジー**に分類されます[48]。メタ認知ストラテジーは，学習のプロセスを管理するストラテジーで，学習をプランニングしたりモニタリングをするストラテジーが含まれます。認知ストラテジーは，学習そのものに用いられるもので，メモをとったり，情報のグループ分けをしたりするようなストラテジーです。もう一つの社会情意的ストラテジーは，クラスメートと協力し合ったり教師に協力したり，といった教室の雰囲気作りに寄与するようなストラテジーのことです。

　学習ストラテジーの習得へのインパクトがあまり見いだせなかった背景には，特に認知ストラテジーは，おそらく言語適性とも関連があるからでしょう。学習者の注意や記憶などの認知資源にはもともと限界があって，ストラテジーを教えられても，効果的に使うのは難しいのだと思います。第 6 節で

48　O'Malley & Chamot（1990），Oxford（1990），Chamot et al.（1999）

も言語適性が訓練可能かというトピックをあつかいましたが，根本的な認知の部分を大人になって変えるのは困難だと言えそうです。しかし，学んだ外国語の数が増えると，次第に学びやすくなっていきますから，学習のコツのようなメタ認知ストラテジーは経験とともに変えられる可能性があります。また，社会情意的ストラテジーは，教師がかもし出す雰囲気や，教室活動の流れの中で，学習者みなが協力し合う環境作りをすれば，学習者が社会情意的ストラテジーを使うことを助けられると思います。

ここがポイント！

- ●学習者の性格が学習過程に影響を及ぼすことは確かだが，どんな性格にも長所短所があり，どんな性格が第二言語習得に向いているかを決めるのは難しい。
- ●学習者にはそれぞれ学習スタイルの好みがある。
- ●学習者を助けるために学習ストラテジーを教えるのも一つの方法である。しかし，習得への直接的なインパクトは定かではないと言われている。
- ●学習ストラテジーの中のメタ認知ストラテジーは，言語学習のコツのようなものなので，学習経験を積めば変えられる可能性がある。
- ●学習ストラテジーの中の認知ストラテジーは，もともと持っている注意や記憶の認知能力と関連するので，そこを訓練して伸ばすのは難しいと考えられる。
- ●学習ストラテジーの中の社会情意的ストラテジーは，学習者が教室で協力し合って学習するためのものなので，教室の雰囲気作りが重要になる。

11　教え方によって習得に差が出るのか？

　20 世紀の第二言語習得研究，特に教室習得研究に影響力のあった研究者
は，良くも悪くもクラッシェン[49]でした。クラッシェンを批判することで，
教室習得研究が進む原動力になったような気がします。批判の対象となった
ことの一つが「**習得／学習仮説**」でした。彼は「習得」と「学習」は別物
だと主張していました。習得というのは，その時点の学習者のレベルより
ちょっと上の言語形式を含んだ「理解可能なインプット」を多く受けること
で，無意識／潜在意識的に起きるもので，そこで得られるのは**暗示的知識**だ
とされています。一方，「学習」というのは伝統的な文法重視の授業で学ぶ
ことをさし，そこで得られるのは**明示的知識**だとされています。そして，さ
らに，学習で得られた明示的知識が，本当の意味で言語を使えるという暗示
的知識につながることはないと主張したのです。これらの二つの知識がつな
がらない，つまり，接点（インターフェース）がないという意味で「**ノン・
インターフェース仮説**」とも呼ばれています。

　クラッシェンがこの論を主張していた 1970 年代には，アメリカでもまだ
文法重視の授業をしている外国語教師は多くいたでしょうから，反発は大き
かっただろうと想像できます。クラッシェンが唱えたいくつかの仮説の総称
を「**モニター理論**」[50]と言いますが，インパクトが大きかったからか，学会
ではクラッシェン・バッシングが起きたとも聞きました。ここで，明示的知
識，暗示的知識と言っているのは，今までに**宣言的知識**（記憶），**手続き的
知識**（記憶）と使ってきたものと，ほぼ同義語のようなものだと思ってくだ
さい[51]。

　今では，脳科学から，宣言的知識と手続き的知識の脳の活性化領域や神経
回路は別々のもので，宣言的知識が手続き的知識に変換されるわけではな

49　Krashen（1977, 1980 など）
50　モニター理論は，「インプット仮説」「習得／学習仮説」「自然習得順序仮説」「情意フィルター
仮説」「モニター仮説」の 5 つの仮説を含む（Krashen, 1977, 1980）。
51　明示的知識と暗示的知識は，アウェアネスの有無で区別したもの，宣言的知識と手続き的知識
は，長期記憶にある知識の形態で区別したものなので，厳密には異なる概念である。

い[52] とも言われていますので，クラッシェンはまんざら間違っていたわけではないとも思えます。しかし，当時のクラッシェンのモデルは，かなり大雑把で，認知的なメカニズムが理論的に詳しく説明されていなかったので，批判を受けたのです。「ノン・インターフェース仮説」以来，教室指導は習得に違いをもたらすか，また，どんな指導がより効果的かという研究が盛んになっていきました。本節では，このような研究成果を基に，教室指導はどうあるべきか考えてみたいと思います。

　まず，**教室習得環境**と教室の外で生活や仕事の中で外国語を習得する**自然習得環境**の比較がなされました。そして，教室習得環境には，自然習得環境にはない強みがあることがわかってきました。自然習得環境にはインプットがたくさんあふれているように見えますが，必ずしも学習者に適切なインプットが与えられているわけではありません。話すプレッシャーがあり，間違っても直してくれる人はあまりいません。一方，教室では，言語形式に注意を向ける時間的猶予があり，誤りに対するフィードバックもあります。その時点の学習者の言語レベルも考慮されています。したがって，教室指導は，学習者の習得のプロセスをスピードアップさせることができ，最終的には高い熟達度にまで押し上げることができるという利点があることが明らかになりました[53]。すなわち，教室環境は，学習者の習得に違いをもたらすことができるのです。

　それで，もう一歩進んで，90 年代以降，どんな教室指導がより効果的かという相対的な比較がなされるようになりました。ここでいう教室指導というのは，教授法というような大きな単位ではなく，もっとミクロな指導テクニックのレベルで比較されています。第 1 章で，言語処理と言語習得を同じメカニズムでとらえるべきだとされていると述べました。私たちは普段，対話相手の伝達意図，または書かれたテキストの意味を理解したり，自分の伝達意図を伝えようとして言語産出をしたりしています。このように注意が意味に向いている言語処理モードを「**Focus on Meaning**（以下，FonM）」と言います。ヒトの言語処理の初期設定モードは FonM とされています[54]。

52　Hustijn（2002），川人・銅谷・春野（2002）など

53　Long（1988）

54　Doughty（2003）

　一方，文法書や辞書を見たり，文法の練習問題を問いたり，機械的なドリルをしているときは，注意が言語形式に向いていて意味が処理されていません。このような言語処理モードを「**Focus on FormS**（以下，FonFS）」と言います。このときは，意味あるコンテクストがないので，言語形式と結びつけて意味・機能を処理することができません。また，何よりも言語処理のオフライン，つまり実際の言語運用をしていないので，言語処理システムを動かしていないのが問題です。

　言語習得が言語形式と意味／機能のマッピングのプロセスだとしたら，FonM も FonFS も，言語形式か意味／機能のどちらかが欠如しているので，マッピングは起きにくいです。実際，FonM を促進するイマージョン・プログラムを小学校から 12 年受けたカナダ人学習者の事例では，聴解力や流暢さは母語話者のレベルに到達していたのに，文法の正確さの点では，母語話者に遠く及ばないレベルにとどまっていたことが報告されています[55]。一方，文法シラバスによる**文法訳読法**や**オーディオリンガル**による FonFS では，意味を処理しないオフラインの活動なので，なかなか実際に使えるようにはならないのです。

　北米では，文法訳読法やオーディオリンガルが一般的だったところに，クラッシェンの提唱する**ナチュラル・アプローチ**や，それを応用した**イマージョン教育**が広まり，従来の教授法よりはずっと成果が上がったという実感があったようです。しかしながら，それでも，文法の正確さが身についていないことが明らかになりました。それで，今度は FonM と FonFS の中庸の「**Focus on Form**（以下，FonF）[56]」が習得を促進すると考えられるようになりました。つまり，基本的には意味あるコンテクストの中で言語を使い，その中で教育的介入のチャンスがあるときに，学習者の注意を適切に言語形式に向けさせるというものです。そのときに，言語形式と意味／機能が同時に処理されて，習得が促進されると考えられているのです。

　表 2-4 に教室習得に関連する概念をまとめました。分類において，指導の焦点が意味なのか言語形式なのかで分けることがあります。一部の研究者が用いる「Form-Focused Instruction（FFI）」は，FonF と FonFS の両方

55　Swain（1985, 1993）

56　Long（1991），Doughty & Williams（1998）

を含んで使われる用語です。しかし，学習のアプローチから見ると，FonF
と FonFS は，分析的か，統合的かという点で，全く異なっています。**統合
的アプローチ**というのは，文法を一つずつ習い，言語運用の際には，学習
者自身がそれらを足し合わせて使うことが期待されています。**コミュニカ
ティブ・アプローチ**は，機能・概念シラバスを用いますが，たいていは，そ
れまでの文法項目を機能で言い換えただけのものが多いので，FonFS に関
連する教授法に入っています。コミュニカティブ・アプローチは，学習者
が複数の言語形式を足し合わせてパフォーマンスするところまで教室で練
習するので，伝統的な教授法の FonFS よりは進んでいます。しかし，学習
のアプローチが統合的であることには変わりはありません。日本語教育で
は，FonFS から FonM へと大きく振り子が振れた経緯はありませんから，
FonFS と FonF の違いの方が重要になるでしょう。

表 2-4　第二言語習得の基本概念と教授法（小柳, 2008）

指導の焦点	meaning-focused instruction	form-focused instruction（FFI）	
言語処理モード	focus on meaning（FonM）	focus on form（FonF）	focus on forms（FonFS）
関連する教授法	ナチュラル・アプローチ，イマージョン，自然習得環境（母語話者とのインターアクション）	タスク中心の教授法（TBLT）内容中心の教授法	構造シラバス文法訳読法，オーディオリンガル，直接法，TPR機能／概念シラバス，コミュニカティブ・アプローチ
学習のアプローチ	分析的（analytic）		統合的（synthetic）

　もう一つの**分析的アプローチ**は，本物に近いインプットが与えられて，
そこから学習者自身が分析して，言語形式と意味／機能を結びつけていく
プロセスを大事にしています。これは，第 1 章第 4 節でも紹介した暗示的
な学習メカニズムに合致しています。学習者の言語処理モードを，FonM か
ら FonF の処理モードにスイッチさせるよう，教室でサポートする必要があ

ります。たとえば，自然習得環境で見落とされがちな言語形式に注意を向けさせる指導テクニックを用いたり，フィードバックを与えるなどして，学習者の誤った言語形式が定着するのを防いだりすることができるはずです。また，母語話者のテンポで進みがちな教室外のコミュニケーションと異なり，教室では，クラス全体の前でパフォーマンスする前に準備をして練習をしたり，作文を書くときに何を書くかを考えたたりする時間があります。このプランニングの時間があるということも，学習者の注意を言語形式に向けさせ，発達段階を上に押し上げるのに役立つと考えられています。

　学習者は，文法書や辞書を見るなど，自らが FonFS のモードにスイッチすることは可能です。しかし，FonF のモード，つまり，言語形式と意味／機能を同時処理するモードにスイッチすることは，それほど容易ではありません。そこで，教師が学習者の認知プロセスに介入する意義があるのです。今の時代は，学習者が自由に手にできるインターネットの教材，学習素材や，海外にいても目標言語で聞ける映画やドラマ，ニュース番組などがあふれています。また，自然習得環境に近い教室習得環境を作り出すイマージョンのような教授法もあります。ですから，自然習得，教室習得というような分類はもはや無効で，言語処理モードで習得環境をとらえるべきだと思います。FonF に関わる実証研究の成果[57]を見ると，どんな教え方をしても習得への効果が全くないわけではありませんが，教え方によって，学習者の習得へのインパクトは異なると言っていいでしょう。FonF を具体的にどう体現していくのかは，第3章でもっと具体的に考えたいと思います。

　近年のもう一つの課題は，**明示的学習**と**暗示的学習**の違いを明らかにすることです。第二言語習得の主要な学習プロセスは暗示的メカニズムに基づいています。それならば，暗示的学習の方が習得を促進するのではないかと予測がつくのですが，暗示的学習というのは実は研究が遅れていた分野です。第1章第4部で述べたように，認知心理学の「**転移適切性処理の原理**」が，第二言語習得にも適用されています。言語処理（言語運用）は手続き的知識に基づくスキルなので，事例をたくさん与えてとにかくやってみるという体験型の暗示的学習の方が，そのようなスキルの発達には効果があると考えら

57　Norris & Ortega（2000）

れます。一方，明示的学習というのは，規則を習ってそれを適用する練習を
するタイプの学習なので，宣言的知識の発達には有効で，文法のペーパーテ
ストには効果があるかもしれません。でも，文法のテストで答えを導き出す
プロセスは，実際の言語処理のプロセスとは全く異なります。それで，暗
示的学習の効果を科学的に実証することも，研究の重要な課題になっていま
す。このような問題については，第3章でも引き続き考えたいと思います。

● 教室習得には，学習者の習得のプロセスの加速化と最終到達度の点
で，自然習得にはない強みがある。
● 私たちは，相手の伝達意図やテキストの意味を理解するため，また
は自らの伝達意図を伝えるために言語を処理している。そのような
言語処理モードを Focus on Meaning（FonM）という。
● FonM モードでは，言語産出の流暢さや聴解力が身についても，
正確さが身につかないという問題がある。
● 意味あるコンテクストがない Focus on FormS（FonFS）モードで
は，意味が処理できないので本当の意味での習得は起きにくい。
● 意味あるコンテクストの中で言語を使っていることが前提で，その
中でタイミングが訪れたときに教師が介入し，言語形式と意味／機
能を同時処理させる Focus on Form（FonF）が習得を最も促進す
る。

第3章

教室で教師ができること

1　教室でやるべきは，まず文法か？

　第2章第11節で述べたように，教師の教え方によって学習者の習得には
違いが出ます。学習者が外国語学習への潜在能力である言語適性があるとし
ても，また，やる気満々で教室にやって来たとしても，学習者ができるだけ
時間を節約して，いかに効率よく外国語の上手な使い手になれるかは，教え
方に左右されます。そういう意味では，教師の役割や責任は重大だとも言え
ます。本章では，学習者の習得を促進するために，教室で教師は何ができる
のか，より具体的に考えてみたいと思います。

　第1章，第2章で述べてきたように，言語習得とは言語形式と意味／機
能のマッピングのプロセスです。また，そのような習得を促進するのは分
析的な学習アプローチだとされています。今までは，文型や語彙など「小」
を積み重ねて「大」へと進む統合的アプローチの教授法が一般的でした。で
も，第二言語習得研究から推奨されているのは，「大」を与えて学習者自身
が「小」の単位に分析していくという正反対のアプローチの教授法です。も
ちろん所属機関で使用している教科書の制約やカリキュラムの方針などがあ
り，すぐには授業を変えられないかもしれません。でも，そんな中で，どの
ような工夫ができるのか，さらに，近い将来，どのようなやり方に変えて
いったらいいのか考えてみましょう。

　第1章第2節であつかったように，母語話者は，言語処理，特に言語産出
をするときには，何を伝えるかというメッセージ生成のところに意識を向け
ます。その後の文法形式や音韻形式への変換は，母語話者なら意識せずとも
頭の中で自動的に処理が進みます。しかし，第二言語の学習者は，文法や語
彙が不足していたり，処理の一連の流れが自動化していないので，母語を話
すときほど言語処理がうまくできません。そこを教室でサポートする必要が
あります。

　では，先に「大」を与えるにはどうしたらいいでしょうか。習得を促進す
るとされる教授法は，教師が **Focus on Form** のような教育的介入を行うと
きには，すでに意味あるコミュニケーション活動をしていることが前提に

なっています[1]。言語処理では，コンテクストが明らかな中で，それをヒントに言語を理解したり，何を伝えるかというメッセージを作るところから言語を産出するプロセスが始まります。したがって，授業でも，まずは，どんな内容を表現することを学ぶレッスンなのかを，最初に意識させることが重要だと考えます。それがわかったところで，後から文型が入ってくれば，学習者が言語形式を意味／機能に結びつけやすくなるはずです。

　初中級の教師の間でよく議論になることの一つに，**モデル会話**が先か後かという問題があります。モデル会話が教科書の課のどこに配置されているかにかかわらず，どのタイミングでそれを授業で使うかは教師により判断が異なると思います。モデル会話が後と考える教師は，典型的な統合的アプローチの教え方を好むタイプだと思います。文法や語彙を学習者がすべてわかったところで，モデル会話を導入するのです。文法や語彙がわかっていれば，それらを含む会話も理解できるだろうということが前提になっています。

　一方，モデル会話が先と考える教師は，考え方が分析的アプローチに近いと言えるかもしれません。しかしながら，やり方は教育機関で統一されていることも多いです。たとえモデル会話が先で，一見，分析的アプローチを好むように見えても，その中に学習者が知らない語彙や文型があると，それを取り出してまず説明するところから授業を始めるという教師も未だに多いような気がします。教師にとっては，学習者に未知の語彙や文型がある中でモデル会話を提示したときに，学習者が理解できないのではないかとの心配があり，モデル会話をどのようにあつかったらいいのか，とまどってしまうのかもしれません。

　モデル会話は，その課であつかう場面やコンテクストを意識させるための方法の一つとして有効だと思います。ただ，そのような目的にモデル会話が使えるかどうかは，教科書にもよります。最近の教科書は，モデル会話が機能的で自然なものが増えましたが，その課で学ぶべき語彙や文型を詰め込んで，人工的に作られた会話が多いとされています。機能的に作られたモデル会話は，その課で習うことを使って何ができるようになるのかを示すには使いやすいですが，現時点での解決策というだけで，必ずしも理想の形ではな

1　Doughty & William（1998）

いと思います。この点については，後で少し考えたいと思います。

　モデル会話は，以前なら丸暗記して覚えさせ，教師やクラスメートの前で暗誦して言ってもらうというようなことがなされていました。**オーディオリンガル**のメソッドでは特に，それが推奨されていたと思います。でも，丸暗記をしても，それをそのまま使うような状況にはなかなかならないと思います。言語産出のプロセスは，まずメッセージ生成から始まるのですが，丸暗記ということは，学習者自身でメッセージを作っていないということになります。したがって，丸暗記よりも，**ロールプレイ**をして，最終的にモデル会話に近い会話を学習者が再現できることの方が大切だと思います。

　以下の会話は『Situational Functional Japanese Vol.III』のモデル会話です。90年代に発売されたこの教科書は，今や古くなってしまいましたが，機能的にできていて，モデル会話には会話の流れがフローチャートで示されています。モデル会話の映像も，発売当初はビデオで，現在はネットで提供されていますので，課の始まりに見せても，知らない表現や語彙を気にせず，おおよそ何が起きているか，学習者は理解できると思います。各課の始まりに見せるということは，その課で達成すべき目標がわかりやすく，学習の動機づけにもつながります。いろいろな練習をして語彙や文型が明確になってから，課の終わりに，もう一度見せてもいいと思います。

　最終的には，丸暗記ではなく，モデル会話に近い状況で，同様の会話の流れや表現などが再現できることがゴールになるべきです。また，モデル会話のバリエーションにも応用が利くように練習することも大切です。たとえば，相手により丁寧さのレベルを変えたり，誘うことがテーマの場合は誘う方も，誘いを受ける方も，それから誘いを受けるだけでなく，断る方もできなくてはなりません。その意味では，モデル会話の丸暗記ではなく，ロールプレイで自発的にそのような会話ができるということを目標にすべきだと思います。

Situation: Suzuki-san has invited Lisa-san and Tanaka-san to a concert. Tanaka-san can go but Lisa-san can't, because her advisor has asked her to check a letter for him.

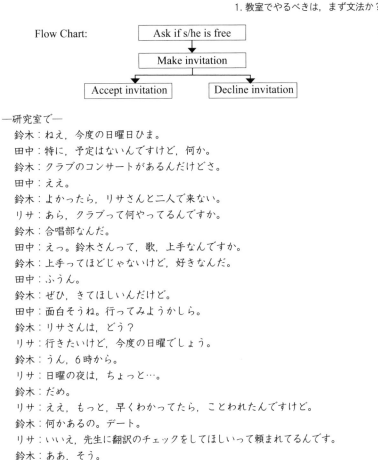

Flow Chart:

```
          ┌─────────────────────┐
          │  Ask if s/he is free │
          └─────────────────────┘
                    │
          ┌─────────────────────┐
          │   Make invitation    │
          └─────────────────────┘
              │            │
  ┌───────────────────┐  ┌───────────────────┐
  │ Accept invitation │  │ Decline invitation│
  └───────────────────┘  └───────────────────┘
```

―研究室で―
　鈴木：ねえ，今度の日曜日ひま。
　田中：特に，予定はないんですけど，何か。
　鈴木：クラブのコンサートがあるんだけどさ。
　田中：ええ。
　鈴木：よかったら，リサさんと二人で来ない。
　リサ：あら，クラブって何やってるんですか。
　鈴木：合唱部なんだ。
　田中：えっ。鈴木さんって，歌，上手なんですか。
　鈴木：上手ってほどじゃないけど，好きなんだ。
　田中：ふうん。
　鈴木：ぜひ，きてほしいんだけど。
　田中：面白そうね。行ってみようかしら。
　鈴木：リサさんは，どう？
　リサ：行きたいけど，今度の日曜でしょう。
　鈴木：うん，6時から。
　リサ：日曜の夜は，ちょっと…。
　鈴木：だめ。
　リサ：ええ，もっと，早くわかってたら，ことわれたんですけど。
　鈴木：何かあるの。デート。
　リサ：いいえ，先生に翻訳のチェックをしてほしいって頼まれてるんです。
　鈴木：ああ，そう。
　残念だな。じゃ，この次は。
　リサ：いつですか。
　鈴木：来月の19日，6時から。
　リサ：ええ。じゃ，この次はぜひ。

（筑波ランゲージグループ（1992）『Situational Functional Japanese III: Notes』
pp. 2-3. ／「モデル会話」前半からの抜粋）

　今では，学習目標や評価基準を**Can-dos**で示すということが，外国語教育の一つのトレンドになっています。文字通り，「〜ことができる」という可能形で目標が示されています。つまり，どんな文法を勉強したかではなく，行動として言語を使って何ができるようになったかということが大切

だと考えられているのです。表 3-1 は『できる日本語　初中級』のシラバスの抜粋です。この教科書は ACTFL（全米外国語教育協会）の「プロフィシェンシー」の考え方が反映されています。教室習得研究はアメリカが一番進んでいますので，ACTFL が打ち出した外国語教育の方針には，第二言語習得研究の成果がもともと，かなり反映されているように思います。この教科書を見ると，何ができるようになるかが明確に示されています。シラバスには表の右側（表 3-1 では割愛）に，実は学習項目として文型が掲載されているのですが，文型ありきではなく，まず行動目標があって，後から付随的に文型が加わっています。このようなシラバスは，機能的でコミュニカティブな教科書の一歩先を行っていると思います。

表 3-1　『できる日本語　初中級』のシラバスの抜粋

課	行動目標	できること
1	初めて会った人に丁寧に自己紹介をしたり，印象よく問い合わせをしたりすることができる。	アルバイトの問い合わせをしたり，面接での簡単なやり取りをしたりすることができる。
		アルバイト先やサークルで初めて会った人と趣味や日本での生活について話すことができる。
2	お店やレストランで友達と商品やメニューについて話したり，お店の人と話しながら買い物したりすることができる。	何か買うときに，その物を見てどんな様子かを友達と話したり，お店の人に自分が知りたい情報を聞いたりして，自分の行動を決めることができる。
		レストランなどで食事をする際に，一緒に行った友達や店の人などとやりとりすることができる。
3	自分の目標や計画を話したり進路の参考のために周りの人から話を聞いたりすることができる。	来日の目的や今後の目標，計画などを話すことができる。
		自分の将来のことで興味があることについて，周りの人に話したり質問したりすることができる。
4	日本の生活を楽しむために住んでいる町の情報を教え合って，その情報をもとに行動することができる。	住んでいる町の施設やお店の情報を聞いたり教えたりすることができる。
		道案内をしたり道に迷ったとき道を聞いたりすることができる。

（嶋田和子 監修（2012）『できる日本語 初中級 本冊』p. 242）

最近では，**ヨーロッパ言語共通参照枠**（Common European Framework of Reference for Languages，以下 **CEFR**）も日本語教育に取り入れられる

ようになりました[2]。レベル毎の目標は Can-dos で記述されており，**行動中心アプローチ**を採用して，行動として何ができるようになるかを考慮した教育実践の試みが，特にヨーロッパの日本語教育において，さまざまになされています。さらに，国際交流基金も CEFR に基づき「**JF スタンダード**」を作成，公開し，課題遂行能力と異文化理解能力を育成する指針としています。また，その基準に沿った『まるごと』という教科書シリーズも開発しています。このように，日本語教育は次第に，行動で言語能力を規定する方向に向かっているように思われます。

折しも，第二言語習得の研究者たちは，これまでの教室習得研究の成果を反映させた「**タスク・ベースの教授法**（Task-Based Language Teaching）[3]」を提唱しています。この教授法ではシラバスにも，文法項目や言語機能ではなく，**タスク**を立てることになっています。タスクは必ずしも「〜ができる」という可能形では示されませんが，行動目標として何ができるようになるかを重視している点では，Can-dos に通じるところがあります。タスク・ベースの教授法では，学習者のニーズ分析をしてタスクを特定すべきだとしています。そして，シラバスの中でのタスクの配列の基準は，タスク自体の認知的な複雑さだとしています。たとえば，目の前で起きていることを描写するより，過去や未来のことを話す方が認知的に難しいです。認知的にやさしいものから難しいものへと配列すれば，それにともなって言語的な難しさも上がっていくと考えられています。

さらに，この教授法のニーズ分析の中には，そのタスクでどんな言語が使われているか，談話分析をすることも含んでいます。場合によっては，母語話者同士の場合と，母語話者と非母語話者では会話のパターンが異なる可能性もあります。実際，道順を教えるとき，英語の母語話者は，母語話者同士で話すとき，やさしい道順については一気に道順を言いますが，相手が非母語話者になると，いくつかに区切って相手がわかったか確認しながら進めていた[4] ようです。ですから，必ずしも母語話者同士の会話がモデルにならな

---

2 奥村・櫻井・鈴木（2016）

3 Long（1985, 2015）。TBLT は第二言語習得の分野以外（たとえば教師教育や語彙シラバス提唱の立場）から，第二言語習得の知見とは別に提案されたものもある。

4 Chaudron et al.（2005）

い場合もあるのです。

　談話分析のために集められた素材は，のちに教材化する際に使用することができます。それは，必ずしもモデル会話という形態をとりません。授業で文型を教えることから始める統合的アプローチではなく，「大」から始まる分析アプローチをとるとするなら，自然な会話をいくつも聞かせる（あるいは，見せる）必要があると思います。習得の始まりはインプットですから，習得過程にも合っています。日本語教育では，ニーズ分析というと，どんなときに日本語が必要かを学習者や学習者の周囲の人にアンケート調査やインタビューをするということは行われてきましたが，その場面のやりとりを録音し，談話分析をして教材作成に活用するところまでは，なかなか行われていないような気がします。

　いずれにしても，モデル会話を活用するか否かに関わらず，レッスンの最初には，そのレッスンであつかう場面やコンテクストを学習者に意識させなくてはいけません。ある状況でどんな日本語が必要になるか，同様の場面で困ったことはなかったかなどを話し合っておくのも一つの方法だと思います。さらに，その中で，言語を使って何ができるようになるのかという**行動目標**をはっきり示すことが大切だと思います。ビデオなど映像で場面が提示されれば，知らない表現や語彙があっても，何を話しているか想像がつき，面倒な説明がなくてもすんなり学習者の頭に入ることもあるはずです。学習者にこれなら実際の場面で習った日本語が使えそうだと思わせること，また，達成目標が明確で，がんばれば自分にもできそうだと思わせることは，動機づけの点でも学習者の意欲をかき立てる有効な方法だと思います。

ここがポイント！

● インプットを受けた学習者自身が，言語形式と意味／機能の関係を見いだしていくプロセスを重視した，分析的な学習アプローチをとるには，レッスンの始まりに，まず学習者に場面やコンテクストを意識させる必要がある。

● 学習目標は，文法項目や文型でなく，行動として何ができるようになるのかを明確に示すことが重要である。

2　文法説明は必要か？

　筆者が日本語教師の仕事を始めた頃，それを知った人からは「英語がペラペラなの？」とか「いったい何か国語が話せるの？」などと聞かれたものです。これは，外国人に日本語を教えるということは，学習者の母語で文法の説明ができる人だと一般の人には思われていたことの現れだと思います。「日本語は日本語で教えるんです。」と言うと，キョトンとした顔をされました。昨今はテレビのバラエティ番組などでも日本語を流暢に話す外国人を見ることが多くなりましたが，ひと昔前は，日本語は外国人には難しい言語でそんなにたやすく習得できるわけがないと信じていた日本人が多かったように思います。それで，日本語の難しい文法を説明してあげなければ，日本語が話せるようになるはずはないと思われていたのでしょう。

　前節では，まず文法や文型を導入するのではなく，その課でできるようになるべき**行動目標**や**タスク**を示し，場面や状況を明確にすることの重要性を述べました。その上で，タスクを遂行する中で，必要な文型や表現があれば，適切なタイミングでそれらを導入するわけです。でも，そんなときに文法説明はやはり必要なのでしょうか。大人の学習者には，文法をきちんと説明した方が効率がいいと考える教師はまだまだ多いと思います。実際，大人は文法の把握が可能なので，年少の子どもより，初期の段階では習得が速いことも，第2章第9節で述べました。本章では，文法説明の是非を考えてみたいと思います。

　文法説明から始めて文型練習をするような教え方は，第二言語習得研究でいう典型的な「**明示的学習**」です。これとの対比で論じられるのは，まずは用例に多く遭遇することにより体験的に学ぶ「**暗示的学習**」です。認知心理学においては，言語以外のスキルの習得についても，さまざまな研究があります。有名な研究の一つに，空港の管制官が飛行機の離発着をコントロールするスキルを，コンピュータのシミュレーションで学んだ実験があります。一つのグループは，事前にどうやってコントロールすればいいか説明を受け，それからシミュレーションをやってみました。もう一つのグループは，

事前の説明がなく，とにかくシミュレーションでやってみるように言われました。どちらのグループが飛行機の離発着をうまくコントロールできるようになったと思いますか。それは後者の方でした。

　一つ目のグループは，規則から始まる典型的な明示的学習です。もう一つのグループは体験型の暗示的学習を行いました。管制官が飛行機の離発着をコントロールするのは，複雑で高次の認知スキルだとされています。そして，このようなスキルの習得には，暗示的学習の方がすぐれていると言われています。さらに，暗示的学習グループのうち，「後でほかの人にどうやるか説明してもらいます。」という指示を与えた場合は，**宣言的知識**が発達していたということです。でも，そのような指示がなければ，暗示的学習の中身を言語化するのは難しいのです。すなわち，宣言的（≒明示的）知識が，練習によって手続き的（≒暗示的）知識に変換されるのではなく，**手続き的知識**のオプションとして，宣言的知識が発達するという見解がなされています。

　第1章第2節で紹介したように，言語処理も，1000分の1秒の単位でさまざまな計算が頭の中で起きている，複雑で高次の認知スキルです。認知心理学の暗示的学習の研究にも触発されて，第二言語習得研究でも，「明示的学習 vs. 暗示的学習」の問題は，現在，大きな関心を集めている研究テーマの一つです。明示的学習と暗示的学習の問題は，第2章第11節でもふれたように，第二言語習得研究では，クラッシェン[5]の「習得／学習仮説」いわゆる「ノン・インターフェース仮説」の論争に端を発しています。クラッシェンは，伝統的な文法学習によって得られるのは**明示的知識**で，本当の意味での習得は起こらないとしていました。一方，理解可能なインプットを受けることで**暗示的知識**を得ることこそが，本当の習得だとしていました。そして，この二つの知識がつながることはないと主張したのです。クラッシェンは，認知的に学習者の頭の中で何が起きているのか，モデルの科学的かつ詳細な説明をしなかったので，厳しい批判を受けました。

　今の理論から科学的に見ると，この二つの知識は脳の神経回路や活性化領域はつながっていないとされていますから，クラッシェンの主張は実はまんざら間違っていなかったように見えます。でも，教室習得の研究者の多く

5　Krashen（1977, 1980）

は「**弱いインターフェース**」の立場をとっていて，明示的知識は，暗示的知識との直接のつながりはないけれども，習得に何らかの貢献はあると見ています。「**強いインターフェース**」の立場は，明示的（宣言的）知識が暗示的（手続き的）知識に直接変換されるというものですが，この考え方はあまり支持されていません。前述のように，暗示的学習では，手続き的知識そのものが習得され，オプションとして宣言的知識が発達するとされています。脳の仕組みから見ても，宣言的知識そのものが手続き的知識に変換されるのではないようです。

　第1章第3節で紹介した習得過程において，習得の第一歩として「**気づき**」が重要であると述べました。気づきとは，ある言語形式の断片（表現や活用語尾など）に集中的に注意を向けることです。もし，文法説明が習得に効果があるとしたら，それは，気づきの可能性を高めることだと主張する研究者[6]もいます。学習者がインプットを受けるときに，説明を受けた言語形式が出てくると，そこに注意を向けるだろうと考えられます。

　2000年以降，それまでの教室指導の効果に関する実証研究が総括され，本来，暗示的である習得へのインパクトを，明示的知識に有利なテストで測ることが多かったという問題点が指摘されています[7]。それで，今では，より科学的に厳密な方法で，暗示的学習の効果を実証しようとしています。第1章第4節では，学んだときのやり方とテストのやり方が一致しているほど成績が良くなるという「**転移適切性処理の原理**」を紹介しました。この原理によると，文法のペーパーテストで良い点を取るためには，明示的学習の方が有利です。でも，自発的な言語産出やスキルベースのテストとなると，暗示的学習の方が有利だと予測できます。したがって，暗示的学習の効果についての実証研究をすることが重要だと考えられているのです。

　明示的学習の効果に関しては，すでに90年代にも研究されていて[8]，やさしい規則に関しては，学習直後の効果はありますが，持続効果はあまりないとされています。また，難しい規則に関しては，学習者を混乱させるだけで効果がないという結果になっています。そして，実は，どうやって規則の難

6　Tomlin & Villa（1994）

7　Norris & Ortega（2000），Doughty（2003）

8　DeKeyser（1995），DeGraaff（1997），Robinson（1997）など

易度を決めるかというのも，第二言語習得研究の大問題とされています。教師が教える順序と学習者が習得する順序はしばしば一致しないと言われていますから，教師から見た難易度と，学習者が実際に難しいと感じるものは，異なる可能性があります。より最近の研究の知見[9]でも，明示的学習は，規則に例外がほとんどなく，規則の記述があまり専門的でない場合には可能ですが，規則の記述の抽象度が高く例外も多いような難しい規則には，あまり有効ではないとされています。

　教師の文法説明によって得られるのは**メタ言語的知識**で，そのような知識と，言語を使うという言語処理における文法処理のプロセスは全く異なる[10]と言われています。言語産出における文法処理は，伝えたいメッセージの概念に相当する語彙を心的辞書から呼び出すことによりなされます。語彙の中には文法情報も含まれていますが，それは，動詞なら名詞をいくつ取って，どのように配列するかといった統語的な情報です。ですから，規則の提示から始まる明示的学習の効果は，限定的であることには留意しておいた方がいいと思います。

　筆者は，以前，目標言語形式を「～ていた」とし，その箇所をハイライトしたテキストを学習者に読ませたことがあります。一つのグループには，文法説明をし，テキストを読むときにはハイライトの箇所に注意するように指示しました。これは，**インプット強化**と呼ばれる，Focus on Form の一つの指導テクニックとされています。もう一つのグループには，文法説明をせず，インプットが強調されただけのテキストを読んでもらいました。両方のグループの課題は，テキストを読んで内容質問に答えることでした。

　この実験では，文法説明の有無では，指導の効果を測るテストの結果に違いは出ませんでした。文法説明とインプット強化で気づきの可能性を高めたつもりでしたが，効果は見られなかったのです。あらためて反省すると，学習者に課したことは内容質問に答えることですから，文法説明で与えられた知識を学習において使うところがどこにもありませんでした。すなわち，文法説明がその後の活動に直結する授業となると，どうしても，伝達的なコンテクストから遊離した機械的ドリルのような練習や，紙の上の文法の練習問

9　Roehr-Brackin（2015）
10　Doughty（2003）

題になってしまいがちです。それが，文法説明をすることの問題点だと思います。

　筆者がこのような教室習得研究の動向について話をすると，「文法を説明しなくていいのなら，教師は楽でいいですね。」と言われたことがあります。しかし，それは，とんだ誤解だと思います。文法を説明しないからこそ，教師は文法のポイントを理解した上で，場面やコンテクストの中で，何ができるようになるのか行動目標を明確にし，今までの文法ドリルとは異なる形での練習を考えていかなくてはいけないのです。今まで以上に教師の高い力量が求められていると思います。

　ただし，文法説明，文法規則が悪であるかのように，全面排除してしまう必要はないと思います（ただし，一切排除と考える研究者もいます[11]）。ほかの外国語，あるいは日本語でも，それまでに文法重視で習ってきた学習経験がある学習者は，文法に固執しがちです。そのような学習者には配慮しなくてはなりません。でも，徐々に学習者の意識改革をして，本当に使えるようになる日本語の授業を目ざしていることを理解してもらう必要があるでしょう。言語習得は基本的には暗示的な学習メカニズに依存して起きるのですが，明示的学習のメカニズムを使うかどうかはオプションだと考えるべき[12]でしょう。

　また，第2章第6節で，言語適性の研究に，学習者の適性プロフィールの強み，弱みに合わせて教え方を変えるという見解があることを述べました。言語適性の中でも，言語分析能力が高い人が，文法重視の授業に合っているというわけではありません。そのような学習者は，文法を教えなくても，コミュニカティブな授業の中で，あるいは教室の外でも，自分でどんどん言語のパターンが見つけられると思います。反対に，言語分析能力が低い人の方が，規則の説明によるサポートが必要だと言えます。

　授業では説明は最小限にとどめるとしても，今ではコンピュータによる自習教材や文法書などもたくさん出ています。それらが学習者のアクセス可能なところにあるというのもサポートの一つだと思います。また，文法説明は，練習の始まりというより，学習者に帰納的に学ぶ機会を十分与えた上

11　Long & Robinson（1998），Doughty（2003）

12　Hulstijn（2002），N. Ellis（2015）

で，後から補助的に説明する方が，学習者の頭がスッキリして，記憶に残ることもあるでしょう。教師はとかく，先回りしてなんでも教えてしまいがちですが，学習者をしばらく泳がせてみるということも必要だと思います。

　日本語に関する習得研究[13]で，アメリカの大学生に既習の「ようだ／そうだ／らしい／みたい」の推量助動詞の使い分けについて，コミュニカティブなタスクをする際に，説明したグループとそうでないグループを比較したところ，説明したグループの方が，効果があったようです。学習者が「これとこれは似ているけど，どう使い分けるんだっけ？」と気づき始めたタイミングで説明するというのは，学習者の頭の中が整理されて，説明を受けたインパクトが大きいと思います。

　このような教室習得研究では，「明示的／暗示的学習」と「明示的／暗示的指導」の両方の用語が使われます。学習というのは，あくまで学習者の内的なプロセスで，指導というのは教師から見た用語です。教師が**明示的指導**のつもりで文法説明をしても，規則が難しくて学習者には結局，暗示的学習になるケースがあります。また，反対に，暗示的学習の条件下に学習者を置いたつもりでも，規則がやさしければ，学習者自身が規則を発見して，その時点から明示的学習になることも考えられます。研究では厳密さが求められますから，暗示的学習の条件下の学生が，「規則を見つけて，それを適用した」と事後インタビューで報告した場合は，データから削除するというようなことまでやっています。でも，教育現場では，もう少し柔軟に対応していいと思います。また，場面やコンテクストの中で行動目標を明確にして始めるような授業なら，説明というのも単に文法説明でなく，どうやってタスクを遂行するかなど，従来の文法説明と異なる説明のあり方，導入のしかたがあり得ると思います。

13　Moroishi（1999）

●文法説明そのものが習得を起こしたという実証はない。

●練習の前に文法説明をする効果は限定的で，難しい文法事項に関し[
てはほとんど効果がない。

●文法説明をするならタイミングを考慮すべきである。学習者が暗示
的学習を行って規則性に気づき始めたときの方が効果的な場合があ
る。

●言語適性の中でも言語分析能力が弱い学習者には，文法説明をする
などしてサポートをする必要がある。

●暗示的学習のメカニズムを活性化するような授業をすると，従来の
文法説明は教室活動には直結せず，役に立たなくなる可能性がある。

3　インプットは十分に与えられているか？

　クラッシェンが「**理解可能なインプット**」の重要性を主張して以来，教室習得研究では**インプット**に関心が集まっています。習得理論では，程度の差はありますが，どんな立場の理論でも，やはりインプットなくして習得は始まらないと考えられています。一方，教育現場に目を転じてみると，インプットが十分に与えられているのか疑問に思うことがあります。**コミュニカティブ・アプローチ**[14]は，学習者にたくさん話させることに熱心な教授法ですが，インプットにはそれほど注意が払われていませんでした。直接法の教科書は，口頭で文型練習をたくさんやりますが，やはり習得に適切なインプットという点ではあまり考慮されてこなかったと思います。日本語の母語話者が教えていると，説明するときもドリルのキューを出すときもすべて日本語なので，学習者には教室で，教師の話す日本語をたくさん聞かせているという安心感があるのかもしれません。

　国内の日本語教育では，多くは母語話者である日本人教師が教えてきたということもあり，ティーチャートークは日本語で行われてきました。そこが，日本の英語教育と異なるところです。英語教育のように，これからは高校の英語は英語ですべてを教えましょうと，国をあげて音頭取りをするようなことは必要ありません。それに，最近留学してくる学生は，ビデオや映画，ネットなどを通じて日本語をよく聞いており，ひと頃の学生に比べると，来日時にすでに日本語に耳が慣れていることが多いです。でも，授業では，聴解練習をすることはあっても，習得のプロセスを考慮して，まず耳からインプットを入れるということは見過ごされているように思います。本節では，学習者にとっての良質のインプットとはどんなものなのか，考えてみたいと思います。

　日本国内で学ぶ学習者は，教室の外に出れば，生の日本語があふれていま

14　日本でコミュニカティブ・アプローチというと，イギリスから入ってきた理論による教授法をさすことが多いが，北米ではコミュニカティブ・アプローチがナチュラル・アプローチと同義語のように使われることがある。

す。でも，学習者が耳にする日本語は，必ずしも学習者一人一人に合わせた
ものではありません。学習者のレベルにもよりますが，耳にする量は多くて
も，漫然と聞き流す羽目になりかねません。もちろん，それでも，たくさん
聞けることにはそれなりのメリットはあると思いますが，教室では，学生の
レベルに合ったもっと良質のインプットを提供することが可能なはずです。
授業の始まりに，場面やコンテクストが明らかになり，遂行すべき**行動目標**
や**タスク**が提示されたところで，次にやるべきはインプットを多く与える活
動だと思います。もしくは，場面やコンテクスト，行動目標もインプットと
ともに導入することも可能だと思います。

　「大」から入って学習者が「小」へと分析するプロセスを重視する，**分析**
的アプローチで学習を進めることを考えると，行動目標となる状況での会話
のやりとりをたくさん聞かせる（または，見せる）ことが重要になります。
『聞いて覚える話し方　日本語生中継』[15] というシリーズは，主たる教科書と
いうより，副教材として使用されるケースが多いかもしれませんが，その聴
解の方法は参考になります。各課は「勧誘」「許可」「依頼」のような言語機
能で構成されていて，聴解にかなりのページを割いています。

　まず，聞く前には「こんなときどう言いますか。」と考えさせるページが
あります。特に初級後半以上になると，それまでに習ったことを使っても，
新しく習うことに近いことが表現できる場合もありますし，言えないことに
気づいたりもできます。すでになんとか表現できるとしても，もっと良い言
い方があることを導入するきっかけになります。

　それから会話をいくつか聞くのですが，会話はかなり自然で，背景に聞こ
えるアナウンスや雑音などもかなり本物らしく作られています。そこで，ま
ず聞き取るのは，「だれとだれが話しているか」「何について話しているか」
という会話の大枠です。口調や丁寧さの違いによって，上司と部下が話して
いるのか，友達同士なのかなどを聞き取るのです。次に聞き取るべきは，た
とえば「許可」がテーマだったら，その会話では許可されたのか，されな
かったのかということを聞き取り，次第にそれがどんな日本語で表現される
かを聞き取るようになっています。まさに「大」から「小」へと絞っていく

15　椙本・宮谷（2004）ほか

聞き取りをさせています。このような聴解をやってからオーラルの活動に移行するようになっていて，最終的にはロールプレイができるような流れになっています。

　言語形式を導入するとしたら，このように会話の大枠から次第に言語表現にも学習者が注意を向けていったときだと思います。その手法の一つのヒントになるのが，「**インプット処理指導**（Processing Instruction）[16]」という考え方です。これまでの外国語の教室では，文法を説明したら，パターンプラクティスをするにしろ，コミュニカティブなアクティビティをするにしろ，すぐに口頭産出の練習に入っていたという問題点が指摘されています。第 1 章の第 3 節であつかったように，言語習得では，インプットの中からある言語形式に注意を向けて，記憶に取り込んで，**インテイク**にするプロセスが不可欠です。学習者にとっては，インテイクこそが習得に使用される言語データになります。でも，すぐに口頭練習に入るということは，インプットがインテイクに変換されないままにアウトプットを出すということになります（図3-1 参照）。したがって，インテイクになっていないところでいくら集中練習をしても，習得にはインパクトがないと考えられているのです。

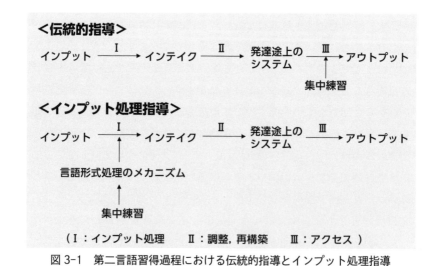

図 3-1　第二言語習得過程における伝統的指導とインプット処理指導

（VanPatten, 1996; 小柳, 2016c 訳）

16　VanPatten（1996, 2002）

　実際の日本語教育の現場で，このようなインプットが十分に与えられているかというと，おそらく，あまり与えられていないだろうと思います。ですから，まずは，インプットがインテイクに変換されるプロセスのところで，十分に集中練習をすべきというのは，理にかなっていると思います。「大」を与える分析的アプローチの実践に，モデル会話を使うのは現状では一つの解決策ですが，理想的には同じような場面のやりとりをいくつも見たり聞いたりする必要があると思います。インプット処理指導の実証研究が行われたときに用いられたタスクは，一文レベルで意味を聞き取って，文の内容を表している適切な絵を選ぶというものでした（研究面では，もっとコンテクストのある談話レベルのインプット処理が必要だという批判を受けています）。

　また，タスクベースの教授法には「タスクの言語形式必須性（Task-essentialness）[17]」という考え方があります。これは，何かの言語形式を用いないと，タスクが達成できないようにタスクをデザインするというものです。言語産出のタスクでは，学習者に使用する言語形式の選択権があるので，特定の言語形式を必ず使わなくてはならないようにデザインするのは難しいです。でも，言語理解のタスクでは，教師があらかじめ，聴解や読解の教材に組み込んでおけるので，言語形式必須性は実現しやすいと考えられています。

　日本語の教材の中では，『新わくわく文法リスニング100』の聴解練習は，すべてではありませんが，これに該当するレッスンが含まれています。以下の例を見ると，言語形式の意味を理解しないと答えられないようになっています。このような副教材を，授業の時間が余ったときや，授業の練習のアイディアが思い浮かばないときの時間のつなぎに使われたりすることもあるようですが，習得のプロセスにおける意味を考えて用いることが大切だと思います。

17　Bley-Vroman & Loschky（1993）

53　作ってくれませんか

男の人がしますか。女の人がしますか。するほうに○を書いてください。

例

	男	女
	○	

練習

	男	女
❶		
❷		
❸		
❹		
❺		
⋮		

「許可を求める表現や依頼する表現を聞いて、だれが何をしたいのか、だれが何をしてもらいたいのかわかる」という目的の練習例の一部

例　女：作ってくれませんか。
　　男：ええ、いいですよ。

練習

1.女：すみません、これ、見てもいいですか。
　男：ええ、いいですよ。
2.女：ここに送っていただけますか。
　男：はい。
3.女：これ、ちょっと使ってもいいですか。
　男：ええ、いいですよ。
4.女：ねえ、あれ、とってもらえない？
　男：うん、いいよ。
5.女：まど、開けてもいい？
　男：うん。
　　　　　⋮

リスニングのスクリプト

（小林典子・フォード丹羽順子・高橋純子・梅田泉・三宅和子 (2017)
『新・わくわく文法リスニング100─耳で学ぶ日本語─［2］』
上：課題 p. 5-6, 下：リスニングのスクリプト p.120)

　第二言語習得研究から提案されている指導テクニックには，そのほかに「**インプット洪水**」や「**インプット強化**」があります。「インプット洪水」とは，その名の通り，何かの目標言語形式が含まれたインプットを意図的にたくさん与える方法です。「インプット強化」は，インプットの質を高める試みのことで，テキストの目標言語形式の箇所を下線やハイライトで強調したり，音声のインプットならイントネーションで強調したりすることです。このような方法で，学習者の注意を言語形式に向けさせることが可能です。第二言語習得の実証研究では，ディスカッションの資料として，インプット強化されたテキストを読んだグループは，気づきの頻度が高かったことや，ディスカッションをするときに，目標言語形式を多く使えていたというような報告があります[18]。

　学習者はよく「話せるようになりたい。」と言いますし，教師も教室で学習者ができるだけ声を出すような練習をしようと心がけていると思います。でも，言語産出の基本は，まずはインプットが必要であることを心にとめて，どうやったらできるだけ多くの良質のインプットを与えられるかということも考えてみるべきだと思います。

ここが ポイント！

- ●習得のプロセスは，文法規則を知ることにより始まるのではなく，インプットを受けることから始まることに留意する。
- ●コンテクストや行動目標が明らかになったら，インプットを多く与える必要がある。該当する場面の会話のやりとりをいくつも聞いて，まず会話の大枠の意味を聞き取り，次第にカギとなる表現や言語形式に注意を向けさせるような聞き方が好ましい。
- ●インプット中の何かに気づき，記憶に取り込んで，インプットをインテイクに変換させるプロセスを，教室で集中的にサポートする必要がある。

18　Jourdenais, Ota, Sauffer, Boyson, & Doughty（1995）, Leeman, Artegitia, Fridman, & Doughty（2005）

4　インプットとアウトプットはどちらが重要か？

　前節では，日本語教育の現場では習得のための**インプット**の重要性が見過ごされていることを述べました。第二言語習得研究において，習得のプロセスに重要だとされているのは，**アウトプット**ではなく，むしろインプットの方です。インプットがなければ，習得は始まらないのです。でも，インプットだけ与えられていれば，学習者が自然に話せるようになるわけではないのも事実です。習得という観点から見て，アウトプットにはどんな役割があるのでしょうか。また，インプットとアウトプットのどちらが重要か，優劣がつけられるでしょうか。本節では，習得におけるインプットとアウトプットのそれぞれの意味を考えてみたいと思います。

　前述のように，「**インプット仮説**[19]」では，教室で「**理解可能なインプット**」を与えることが重要だとされました。このインプットは「i +1」と言われますが，学習者のその時点のレベルより少し上の項目を含むインプットを与えるのが良いとされていました。これは，母語話者同士の会話で使われる言語と比べると，簡略化されたものです。でも，その後，「**インターアクション仮説**[20]」では，簡略化されたインプットではなく，対話相手との意味交渉により理解可能になったインプットの方が，もっと重要だとされました。

　ところが，インプットが十分にあるはずのカナダのイマージョンプログラムから，反証結果が報告されたのです。イマージョンは，理科や社会などの教科学習を第二言語で学ぶプログラムです。バイリンガル環境のカナダのケベック州では，英語の母語話者がもう一つの公用語であるフランス語で学ぶ小中学校，高校のプログラムがあります。**イマージョン**は，理解可能なインプットを大量に与える，クラッシェンの提唱する「**ナチュラル・アプローチ**」の理念を応用したものだと考えられています。最も長くイマージョンに参加した学習者は小学校から高校まで12年の年月の学校教育を，第二言語であるフランス語で受けています。

19　Krashen（1977, 1980）
20　Long（1981）

　報告によると，イマージョンの学習者たちは，聴解力やコロケーション（ネイティブらしい言い回し）は母語話者と遜色ないレベルに達していました。でも，文法に関しては，初歩的な文法にも誤りが見られ，母語話者にはほど遠いレベルにとどまっていたということです。それで，教室談話を分析したところ，教師主導のレクチャーの部分が多く，確かにインプットはあふれているのですが，アウトプットの機会があまりないことが指摘されました。それで，「理解可能なインプット」ではなく，対話相手に「**理解可能なアウトプット**」を出すことが重要だとする「**アウトプット仮説**[21]」が提案されました。

　インプットを聞いているとき，前節で紹介したような Focus on Form のテクニックを使わないかぎり，通常は意味に集中していて，なかなか言語形式を意識することはありません。ですから，「理解可能なインプット」ではなく，「理解不可能なインプット」が重要だ[22]とする考え方もあります。理解できないときにこそ「気づき」が起きるからです。そして，また，アウトプットを出すときに，自分が言えないことに気づいたり，自分が言おうとしている文が文法的か考えてみたりすると思います。また，アウトプットを出せば，そこで相手からフィードバックを得ることができます。それが，新たなインプットとして作用することもあります。さらに，流暢に話せるようになるには，言語処理の一連の流れを自動化させないといけませんから，とにかく話す機会を多く持ち，場数を踏むことも大切です。

　ただ，「アウトプット仮説」は「インターアクション仮説」に対抗するものだとは考えられていません。インプットとアウトプットがチェーンのようにつながることが重要だとされています。また，後に改訂版の「インターアクション仮説[23]」が出ていますが，この中でも，インターアクションにおいて，インプットとアウトプットが有機的につながることの重要性が説かれています。そして，会話の中の相手とのやりとりというインターアクションのみならず，頭の中の認知的なメカニズムとの相互作用も重視しています（図3-2 を参照）。インプットから新情報を受け取って，頭の中の既知情報と照

21　Swain（1985, 1993）

22　White（1987）

23　Long（1996）

合して分析したり，新情報を既知情報に統合する内的なプロセスを経て，アウトプットが出されるのです。

　インターアクションを行っているときに，理解可能なアウトプットを引き出すのに有効なフィードバックは，「**反復要求**」や「**明確化要求**」だと言われています。学習者の言っていることがよくわからなかったときに，もう一度言うように促す「反復要求」や，もっとはっきり言うように求める「明確化要求」により，学習者は自らのアウトプットを修正して，もう一度アウトプットを出すことになります。これを「**強要アウトプット**」と言っています。強要されて学習者が正しい形に修正できる場合もありますし，できなければ，対話相手が正しい文を言ってくれることもあると思います。

図 3-2　言語習得における二つの相互作用

（1）反復要求の例

　A：まどの　いえに　こわれました…

　B：えっ，もういちど　言ってください。（反復要求）

　A：いえに　まどに　こわれました。

　B：ああ，まどがこわれました。

（2）明確化要求の例

　A：大家さんに，家賃を…早く，早く払ってと言いました。

　B：大家さんに家賃を早く払ってと，どうしたんですか。（明確化要求）

　A：言いました（？）

　B：言われました。

　アウトプット仮説を唱えた研究者等[24] が，実証研究の中で提案しているもう一つの指導テクニックは，「**協働ダイアローグ**」です。教師がパッセージを読み上げ，ペアでメモを取り，その後でパッセージを再構築する「ディクトグロス」という手法を用います。パッセージを聞いているときは，意味処理に注意が向いているのですが，パッセージの再構築のためにアウトプットを出そうとして，ペアの間に言語に関する話し合いが多く見られたということです。つまり，言語形式にも注意が向いて，意味処理をこえた深い文法処理につながったということです。この活動は，カナダのイマージョンプログラムの中で行われているので，教科学習で十分に意味重視の授業をした後に，このような活動を組み込む必要があったのだと考えられます。外国語そのものの教室では，新聞記者としてペアで一緒に新聞記事の原稿を編集するというようなディクトグロスのタスクを授業に組み込んだものがあります。これならもっとコンテクストに組み込んだ活動だと言えるでしょう。

　この協働ダイアローグで，学習者同士でテキストを再構築しようとするときに高い頻度で起きた，言語についての話し合いのことを「**言語関連エピソード**」と呼んでいます。言語は思考のツールなので，学習者が頭の中で考えていることを声に出してみることが重要だと考えられています。それは，「**社会文化理論**[25]」という第二言語習得の一つの理論に基づくものです。この理論の立場を支持する研究者は，文法など言語について話し合うことも，母語を使うことも悪いことではないと考えています。テキストの再構築という問題解決による社会的活動と，内面の認知活動を媒介するするツールとして，協働ダイアローグが提案されている[26] のです。学習者の自らの言語能力

24　Kowal & Swain（1994），Swain & Lapkin（1995）など

25　Lantolf（2000a, b）

26　Swain（2000）

と，自分より能力が高い仲間とのインターアクションによって引き出される
能力の上限を「**最近接発達領域**」と言いますが，このような活動は，学習者
の能力の上限へと言語を引き上げていくと考えられています。

　それから，習得の始まりはインプットだと何度も述べてきましたが，初級
後半以上になってくると，インプット活動でタスクのモデルになるような会
話をたくさん聞かなくても，同様の場面で持てる力を駆使して，自分なりの
表現で，ある程度タスクをやりこなせると思います。授業に変化をつけるた
めにも，あるときはアウトプットから始め，まずはやってみて，どこが自分
にはまだできないのかを認識させるというのも，一つのやり方だと思います。

　教科書のモデル会話のあつかいについて，第1節でもふれましたが，アウ
トプット活動に活用することもできます。たとえば，モデル会話に近い会話
が引き出せるようなロールカードを作成し，まずは学習者同士でロールプレ
イをやってもらいます。その後で，お手本，あるいは参考例として教科書の
モデル会話を聞かせるという方法も考えられます。まさに，自分で言えるこ
とと言えないことのギャップに気づく機会になるでしょう。日本語教材では
『新版　ロールプレイで学ぶ中級から上級への日本語会話』において，タス
ク先行型ロールプレイが提案されています。これも，アウトプットすること
により気づきを促すことを考慮した活動例です。

　以下に紹介する課は，アパートやマンションにおける隣人とのトラブルを
あつかっています。ロールプレイをやる前に，不動産屋の広告を見ながら物
件について話し合うことで，背景知識を活性化させています。その上で，
ロールプレイをやってみる活動がついています。それぞれのロールプレイの
前にも関連することを話し合っておくようになっています。そして，タスク
先行型でまずロールプレイをした後で，表現を学ぶような活動に入ります。
また，ルームメート同士の間で起きる問題だけではなく，続くユニットで
は，知っている人，さらに，あまり知らない人に対してもアパートやマン
ションの生活において起きるトラブルについて，苦情を言うロールプレイを
行うようになっていて，内容的に難易度が上がっていきます。

ユニット１　ルームメイトと

ロールプレイ①　国の母親

◎話しましょう！

(1) あなたは，友達と一緒に住んだことがありますか。

(2) 友達と住んでいて，何か困ったことはありましたか。

ロールカード A	国の母親が来週，日本に来るのですが，あなたのところに一週間泊めてほしいと言っています。ホテルに泊まるととてもお金がかかるので，あなたもそうしたいと思っています。ルームメートのBさんに頼んでみてください。
ロールカード B	ルームメートのAさんが国の母親を1週間部屋に泊めたいと言っています。しかし，レポートの提出日がもう直ぐなので，今はとても大変です。Aさんの気持ちはわかりますが，できれば断りたいです。

ロールプレイ②　国の友達

◎話しましょう！

(1) 国にいる，一番仲のいい友達のことを教えてください。

(2) 友達から何かを頼まれて，困った経験はありますか。

ロールカード A	来週，国から友達が来るのですが，あなたのところに1週間泊めてほしいと言っています。日本のホテルはとても高いので，あなたもそれがいいと思っています。ルームメートのBさんに頼んでみてください。
ロールカード B	ルームメートのAさんが友達を1週間部屋に泊めたいと言っています。しかし，今はレポートを書いているのでとても忙しいし，Aさんの友達がどんな人か心配です。Aさんの気持ちはわかりますが，できれば断りたいです。

（山内博之（2014）『新版　ロールプレイで学ぶ中級から上級への日本語会話』p. 31.
／第3課からの抜粋）

　以上のように，インプットだけでなく，アウトプットも習得過程に果たす役割が大きいことがわかります。なんといっても話せるようになるには，やはりアウトプットをたくさん出す必要があります。また，インプットとアウトプットのどちらが重要かという問題ではなく，効率よく両者が結びつき，補い合うことが大切だと言えます。でも，アウトプットと言っても，パターンプラクティスのような練習で，ただ声を出していればいいというわけではなく，意味あるコンテクストの中で学習者自身が何かを伝えようとするアウトプットでなければ，習得に結びつけるのは難しいでしょう。

- ●学習者が何かを表現しようとするときに，自分ではまだ言えないことに気づいたり，文法について考える機会になったりするので，アウトプットは重要である。
- ●アウトプットを出せば，フィードバックを受けられるので，それが新たなインプットにつながっていく。
- ●学習者は，インターアクションにおいて，反復要求や明確化要求によって，アウトプットの言い直しを強要される機会を得ることが必要である。
- ●アウトプットを出すことは，流暢さを高める練習の場でもある。
- ●インターアクションにおいて，インプットとアウトプットがつながって，補完し合って習得が促進される。

5 文法ドリルは習得を促進するか？

　以前，筆者がアメリカで教えていたとき，オーラルのテストでは，正確で流暢に話せてとても上手なのに，文法の穴埋め問題のペーパーテストとなると，からきし点数が取れない学生がいました。その学生は，高校時代に日本に交換留学をしていて，日本語がかなり話せるようになっていました。おそらく，年齢も若かったので，そこでは自然習得に近い形でどんどん日本語を吸収していったのだと思います。大学では1年生レベルを飛ばして2年生の授業から始めていました。これは，第1章第4節で言及した**転移適切性処理の原理**」がそのまま現れた典型的な例だと思います。

　テストで助詞の穴埋めをするということは，文がほとんど完成していて助詞だけが抜いてあり，そこに後から助詞を入れるという作業です。このようなプロセスは実際の言語処理にはありません。外国語学習の目的は，その言語が使えるようになることなので，ペーパーテストでできなくても，オーラルのテストで正しく使えているなら，そちらの方がいいはずです。この学生を見ていて，テストのあり方について，とても考えさせられました。

　従来，日本語教育で行われてきたのは，特に初級では文型練習と呼ばれるものが一般的です。また，それに加え，文法の練習問題を紙の宿題にするということも多く行われてきました。筆者が新米教師だった頃，先輩教師からは，「口をついて出てくるまで，十分に文型練習をしてくださいね。」とよく言われたことを思い出します。文型練習やパターンプラクティスを多くこなせば，本当に口をついて出てくるようになるでしょうか。第2節では，文法を説明すべきかというトピックをあつかいましたが，それに関連して，本節では，第二言語習得から見た練習のあり方を考えてみたいと思います。

　学習者が「て形」の作り方を日本人に聞いたら「『て形』って何？」と聞き返されたとよく言っているのを聞いて，やってみた実験[27]があります。以下のような擬似動詞の活用を，母語話者と学習者にやってもらいました。う

27　小柳（2003）

111

まく活用することができたのは，どちらだと思いますか。それは学習者，特に上級学習者でした。このような擬似動詞を活用させるような実験では，他言語でも母語話者より学習者の方ができたという結果になっています。それから，可能なら規則を記述するよう求めました。筆者は，習いたての初級の学習者の方が規則を記述できて，レベルが上がるほど，記述はできないけれども正しく活用させられると予測していました。しかしながら，規則をある程度記述できたのは，上級学習者の方でした。母語話者は，動詞の活用ができなかったわけですから，もちろん規則があることにもほとんど気づいていませんでした。

日本語の擬似動詞の例

さう　ひる　　さざる　なむ　　わぶ

たぬ　ませる　はつ　　れむぐ　なこす　はさく

　この実験結果も，母語話者が有する文法知識とは何だろうと考えさせられるきっかけになりました。そもそも，この実験をやってみたのは，ある英語の論文に，フランス語の母語話者のほとんどが，フランス語の名詞のジェンダー（男性形・女性形）の区別に規則があることを知らないという事実が書いてあったからです。また，何らかの規則があると答えた母語話者も，その規則を記述することは，ほとんどできなかったということです。これには心底驚きました。筆者は，大学でフランス語を勉強していたとき，具体名詞のジェンダーは一つ一つ覚えなくてはならないけれども，抽象名詞は名詞の語尾の形を見ればジェンダーがわかるので，学年が上がれば楽になると先生に言われていたからです。レベルが上がり抽象名詞をあつかう段階になると規則的に区別できるのだと，それを励みに，1年生の頃は具体名詞に冠詞（男性形・女性形）をつけて一緒に覚えたものです。

　欧米語などは，母語話者と外国人が習う文法体系が同じことの方が多いのではないかと思いますが，日本語は，国文法とは異なる，外国人のための教育文法が整っています。私たちは，国文法では「て形」は「連用形」として習い，五段動詞の「読んで」「飛んで」などの活用は，「音便形」として簡単に済まされてきたと思います。国文法は，すでに使っている日本語の裏にど

んな規則があるのか確認するようなものです。でも，日本語学習者の文法
は，何も知らないところから出発し規則に基づきどうやって文を作っていく
かを教えるものなので，国文法とは役割が全く違います。

「て形」の実験やフランス語の名詞のジェンダーの調査報告から，母語話者
が有する知識は，規則により文法構造を派生させているのではないと考える
ようになりました。第一言語の習得研究で議論になることの一つに，文法を
紡ぎ出すシステムが**演繹的**か，**帰納的**かという問題があります。明示的，暗
示的とオーバーラップする部分もありますが，演繹的とは規則から出発する
もので，帰納的とは後から規則にたどりつくというものです。20世紀の知の
巨人と言われるチョムスキーは，ヒトは生まれながらに「言語習得装置」を
持って生まれ，言語を習得することはプログラミングされていると考えまし
た。この習得装置に規則が入っているので，乳幼児は，生後ほんのわずかな
インプットの刺激を受けて，この装置が動き出しさえすれば，規則を何にで
も適用できると考えられます。でも，「て形」や他言語の動詞の活用の実験か
らも，母語話者は規則を適用しているのではないと考えるようになりました。

筆者も初級を教えていたときは，「て形」を導入する課になると，特に
Group 1（五段動詞）の「て形」の作り方は，時間をかけて説明し，それま
でに出てきたすべての動詞を一覧表にして，学習者に「て形」を記入させ
たりしたものです。すべてのカテゴリーを教えるために，その時点ではまだ
導入されていない動詞「死ぬ」まで出したりしていました。また，口頭ドリ
ルでも，「辞書形」や「ます形」から「て形」にする練習を，口ならし練習
として言わせていました。それが，今でもオーソドックスなやり方ではな
いかと思います。うまく変換させられない学習者には，規則を覚えるのが大
変だったら，各グループの代表的な動詞一つについて活用を覚えておいて，
それと同じように活用すればいいとアドバイスしていました。でも，それで
も，単なる変換練習のときでさえ，うまく変換できない学生がいました。さ
らに，もっと文レベルで自発的に動詞を使わなくてはならないときに，「て
形」を使おうとして，そこで詰まって沈黙してしまう学生もいました。

用法基盤的アプローチの習得理論，また分析的な学習アプローチからする
と，最初は「て形」は語彙のように覚える方が効率がいいと思います。ま
た，行動目標を明らかにしたタスクが課の基準となるなら，その課に出て

くる動詞はかぎられています。その課で必要な動詞の「て形」のみを提示すれば十分です。ある程度，動詞がたまってきた段階で，まとめて規則を教えれば，学習者の頭の中も整理されると思います。学習者によっては，ある程度規則性があることに，すでに気づいているかもしれませんし，文法書などで自分で調べて，規則があることを知っている学習者もいるかもしれません。それでも，教室で「て形」をカテゴリー（動詞の活用語尾）別にまとめて一覧表にしたり，カテゴリー毎に「て形」に変換して確認するような作業は，学習者が十分に帰納的に学んでいってからでも遅くはないと思います。むしろ，その方が定着すると思います。

　筆者がアメリカにいた当時，「て形」の規則を知らずに日本語を教えている日本語教師がけっこういることに，逆に驚きました。規則の記載のない教科書もありましたから，当然かもしれません。中級以上の学習者に質問されて説明すると，「そんな規則があるなんて，今までだれも教えてくれなかった。」と言われたこともあります。海外の，日本人が少ない地域では，日本人だということで頼まれて日本語を教え始めることもあります。そして，日本の教師養成講座で普通に教えられていることを勉強する機会がないままに，日本語を教えているケースもあるのだと思います。第2節でも述べましたが，長々と文法を説明する必要はないとしても，教師が学習者に説明できるだけの文法知識がなくてもいいということではありません。規則を理解した上で，それを説明せずとも，学習者にわからせるような練習を考えていかなくてはならないと思います。

　冒頭の「口をついて出るまで，十分に文型練習をしてくださいね。」と先輩教師から言われていた話に戻りますが，文型練習で口をついて出るようになるでしょうか。オーディオリンガルの教授法は，特に北米の日本語教育に影響がありましたが，パターンプラクティスをして，発音や文法の誤りは厳しく直され，スラスラ言えるまで，ドリルのキューに反応する練習を何回も繰り返します。たとえば，「ごはんを食べます。」「水を飲みます。」という文があったら，それを「ごはんを食べています。」「水を飲んでいます。」というように変換する変形練習は，オーディオリンガルの典型的な練習です。でも，母語話者がそのように変換して言語産出しているわけではなく，言語処理のプロセスをあらためて考えてみると不自然な練習です。

　言語処理では，心的辞書には，動詞の語幹や接尾辞が入っていて，瞬時に選び出して配列しているのだろうと思われます。また，「大」を与えて「小」を発見していくという**分析的アプローチ**で学習をとらえると，場合によっては「〜てください」「〜ています」のかたまりでまずは与えられて，それから次第にその部分部分である「て形」やその中の活用の形に気づかせていくという方が，習得のプロセスにも合っています。

　筆者は，以前，アメリカで，条件文「と」について，オーディオリンガルのパターンプラクティスをやったドリル群と，インプットをたくさん受けて絵を選ぶような練習をしたインプット群を比較する実験[28]をしたことがあります。それに加え，もう一つ，インプットの練習が半分で，残り半分はグループのメンバーが一人ずつアウトプットを出し，必要に応じて筆者が訂正フィードバックをし，ほかのメンバーは同じく絵を選ぶような練習をするアウトプット群を設けました。指導直後には，口頭の絵描写タスクで，ドリル群は，インプット群やアウトプット群と統計上は差がない程度のパフォーマンスをしていました。でも，ドリル群は，1か月後には，何も指導を受けずにテストのみ受けた統制群と同等のレベルに落ちてしまいました。一方，インプット群とアウトプット群は，練習直後のスコアのレベルを維持していました。

　ドリル群の学習者は，たくさん声を出して練習したという実感があったようで，実験の後でそうコメントした学生もいました。でも，実際には機械的なドリルをたくさんやっても，自発的に発話できるほどには習ったことが残っていなかったということです。この絵描写タスクは，スライドを出すタイミングを筆者がコントロールし，一定時間内に発話することが求められました。インプット群は全く発話していないのに，絵描写タスクでは時間内に適切に文が言えていたのです。言語処理のプロセスを考えてみれば，パターンプラクティスは，自分でメッセージを生成するという始まりの部分がありません。やはり流暢さを培うには，メッセージ生成の段階から始めないと，本当の意味での認知的な流暢さは生まれないのだと思います。つまり，メッセージの生成の段階がなく，文法処理をして音韻形式にして口から出すという筋肉運動の部分のみを鍛えても，本当に使えるようにならないということです。

28　小柳（1998），Koyanagi（1999）

```
＜パターンプラクティスの例＞

代入ドリル
そこはいいです。
1. きたない　　＝＞　そこは　きたないです。
2. 近い　　　　＝＞　そこは　近いです。
3. 遠い　　　　＝＞　そこは　遠いです。
4. 大きい　　　＝＞　そこは　大きいです。
5. うるさい　　＝＞　そこは　うるさいです。


変形ドリル
1. そこは　きたないです。　　＝＞　そこは　汚くありません。
2. あの喫茶店は　いいです。　＝＞　あの喫茶店は　よくありません。
3. あそこは　うるさいです。　＝＞　あそこは　うるさくありません。
4. あの店の音楽は　悪いです。＝＞　あの店の音楽は　悪くありません。
5. 私の部屋は　小さいです。　＝＞　私の部屋は　小さくありません。
```

(John Young・Kimiko Nakajima-Okano（1984）『Learn Japanese: New College Text volume 1』p. 112-113. ／ Lesson 8 より。原文はローマ字)

　また，文法ドリルをするとしても，文法説明から文型練習と進むのではなく，意味ある伝達活動をした後に，補足的にやるべきだと思います。その際も，できるだけ意味を考えながらできるような文型練習を工夫するべきだと思います。文型練習で文を言わせるのは，発音練習も兼ねているという側面があるかもしれませんが，最近盛んなシャドーイングなど，発音練習なら，文法の口ならし練習以外の手段で行うこともできるかもしれません。シャドーイングは，文を聞きながら，その文を正確に声に出して再生する練習です。再生するには，文を聞いて意味処理ができていることが前提になっているので，単なる文型練習で発音練習を兼ねるより，言語処理のプロセスの中での練習になっていると思います。シャドーイングは母語話者のポーズやリズムなども真似することになるので，発音練習にもいいですし，言語処理の自動化にもつながります。

　それから，宿題では，テストに出るような文法の練習問題が並んでいることが多いです。教科書の文型練習を教室で口頭でやった上で，それを紙に書いてくることが宿題という教育機関もあるようです。また，筆者は，授業中に，口頭でやるべき文法ドリルの答えをノートに書かせ，さらに学生を指名

して黒板に答えを書かせている授業も目撃したことがあります。シラバスの予定表には文型の目安として「練習1, 2」としか書いていないので，それだけで本当に授業時間を持たせようと思ったら，ノートに答えを書かせたりしないと時間が余ってしまうのでしょう。学生の方は，答えはすぐに出るので，退屈そうでした。それでは授業時間があまりにももったいなく，もっとふくらませた練習がいろいろできるのにと思わずにいられませんでした。

　ただ，テストが変わらないと，急に今までの文法の練習問題をなくしたり変えたりすることは難しいかもしれません。でも，本当の意味での習得にはなかなかつながらないことは，知っておいた方がいいと思います。筆者が知るかぎり，日本語教師には熱心な人が多いので，どちらかというと，母親のように何でも与えようとする傾向があると思います。たとえば，期末試験が近づくと，習った語彙や文型をまとめたレビューシートを作り，さらに，試験とほぼ同じ形式で，語彙だけ変えたような練習問題まで提供する教師もいます。「教師が勉強してどうする！」とよく思います。そのときは，短時間で要点をおさえてもらって良い成績がとれるので，学習者には感謝されるかもしれません。でも，このようなやり方では，学習者はすぐ忘れてしまいます。学習者のためにやっているようで，実は学習者のためには全くなっていないと思います。習得は帰納的に学習者が規則性を見いだしていくプロセスが大切なので，それをサポートする方向に変えていかなくてはならないと思います。文型は，意味あるコンテクストの中で練習する必要があり，今や「練習」の意味合いは変化している[29]と思います。

ここがポイント！

- 言語習得は暗示的な学習メカニズムに依存している。母語話者は規則から言語を作り出しているわけではない。第二言語の学習メカニズムも同様にとらえられるので，単なる動詞や文の変形練習は再考する余地がある。
- 学習者がメッセージを作り出すことなく，ただ形のみに焦点を当てた口頭練習を行っても，本当の意味での流暢さは生まれない。

29　DeKeyser（2007）

6　タスクって何？

　本章ではこれまで，場面やコンテクストの中で教えること，言語項目では
なく行動目標で学習目標を示すことを中心にして，それに関わるインプット
とアウトプットの教室活動について考えてきました。その中で，何度か「**タ
スク**」ということばを使いましたが，本節ではあらためて，タスクとは何か
を考えてみたいと思います。日本語教育では，従来からの文型練習だけにと
どまらず，コミュニケーション・ゲーム，ロールプレイ，アクティビティな
どの名称で呼ばれる，コミュニカティブな手法を取り入れることは，今や一
般的になっていると思います。それは，学習アプローチとしては，従来のや
り方と同様，統合的ではあるのですが，習ったことを統合する段階を学習
者に任せるのではなく，習ったことを足し合わせる段階も教室でやろうとし
ています。ですから，従来のやり方よりは，進んでいます。このような教授
法は，Task-Based とは区別され，Task-Supported と呼ばれています[30]。つま
り，文法練習に加え，補助的にコミュニカティブなアクティビティを取り入
れた教授法のことです。コミュニカティブ・アプローチの教科書は，Task-
Supported のものが多いと思います。

　では，タスクベースの教授法（Task-Base Language Teaching: TBLT）で
いうタスクとは，何をさすのでしょうか。インターアクション仮説を唱えて
いるロング[31] は，早くからタスクベースの教授法を提唱していますが，その
タスクの定義を紹介しておきます。

　　　自分，又は他人のために，もしくは自由意志で，又はある報酬のため
　　に行われる仕事のことをいう。したがって，タスクの例としては，フェ
　　ンスにペンキを塗る，子供に服を着せる，用紙に書き込む，一足の靴
　　を買う，飛行機の予約をする，図書館の本を借りる，運転テストを受
　　ける，手紙をタイプする，患者の体重を計る，手紙を仕分けする，ホ

30　R. Ellis（2003）
31　Long（1985, 2015）

テルの予約を取る，小切手を書く，通りの行き先を見つける，道を渡る人を助ける等があげられる。言い換えるなら，「タスク」の意味するものは，仕事で，遊びで，又はその間に日常生活で人々が行なっている 101 の仕事のことである。　　　　　（Long, 1985, p. 89; 小柳, 2004 訳）

すなわち，学習者が日常生活，あるいは学業や仕事などの場面で遭遇し，遂行しなくてはならない課題のことをタスクと呼んでいるのです。

　言語の機能でシラバスの項目をあげると，「依頼する」「人を誘う」というような概念的なものになりますが，タスクではもっと具体的な記述が求められます。第 1 節で，「できる日本語」の**行動目標**を紹介しましたが，そのような具体的な行動目標が，タスクに相当するものだと思います。タスクベースの教授法では，習得は，文型単位ではなく，タスク単位で進むことが前提になっています。できるタスクが増えていくと，日常生活，あるいは学業や職業の領域でできることが増えていくのです。また，授業であつかったタスクの類推で，授業ではあつかわなかったタスクにも応用してできることが増えていくと思います。

　教科書が文法シラバスで構成されると，「〜ている」なら，動作の進行の「〜ている」も，結果の継続の「〜ている」も，全部一緒に教えるということも，かつてはありました。でも，機能が重視されるようになると，別々の課で導入されるようになっています。そこは進歩しているような気がします。今後はさらに，その文型がどんなタスクをするときに出てくるか，もっと進めて言えば，文型ありきではなく，タスクありきでシラバスも考えていくべきだと思います。実生活での行動目標が**目標タスク**だとしたら，教室では，目標タスクに近づけるための**教育的タスク**をデザインすればいいのです。教育的タスクは，従来の文型練習や文法ドリルに取って代わるものになるでしょう。教育的タスクは，インプットを十分に受けて理解したり，ペアワークでアウトプットを出す練習などを意味あるコンテクストの中で行う必要があります。

　日本国内で教える場合，初級は，間違いなく日常のサバイバルタスクが焦点になるでしょう。筆者がアメリカにいた頃は，海外ではサバイバルスキルのニーズがないので，初級は自分のこと，自分の身の回りのことが話せるようになるということが学習目標になるとよいと言われていました。でも，最近，

日本でも基準に使われる **CEFR**（ヨーロッパ言語共通参照枠）では，下のレベルではサバイバルを含む日常生活の場面で言語が使えることが条件になっています。確かに，海外にいると，そのことばが話されている国で起きることは，学習者にとって身近ではないという考えもあります。でも，筆者が学習者だったら，現地の電車の路線図やレストランのメニューなどを使ってサバイバルの練習をするなら，その国に近い将来行ってみたいと，かえってワクワクするだろうと思います。

　英語教育では，早くからタスク的な教え方をしていたのが，ESP（English for Specific Purposes）の分野だと言われていました。学業や職業上，必要になるタスクが比較的はっきりしているので，目標になるタスクを決めやすかったからだと思います。中上級の教科書は，読解の教科書でも会話の教科書でも，テーマ別，話題別になっているものが多いです。一つ一つ勉強していくと，読んだり話したりできるトピックが広がっていきます。そこに，タスクの要素を取り入れて，行動目標を示す工夫をすれば，4技能を統合した TBLT へとつなげていくことができると思います。

　上級の会話の教材に，『日本語上級話者への道』[32] がありますが，これは ACTFL-OPI を意識して作られており，各課でできるようになるべきことが示されています。たとえば，『日本語上級話者への道』では，ペアワークなどでブレーンストーミングしながら，最後には自分の考えをまとめて発表するようになっています。スポーツ競技の説明ができたり，体の動きが説明できたりと，なかには学習者によっては一見差し迫ったニーズがないようなものもあります。でも，今まで話せなかったテーマやトピックについて話してみることで，話せる領域が次第に増えていくようにできています。ただし，オーラルインタビューを念頭に，一人で長くまとまった長さの話ができることがゴールになっているので，インプット活動は盛り込まれていません。

　参考までに，筆者が以前，提案したタスクベースの授業のやり方の試案（**表 3-2**）を掲載しておきます。

32　荻原・増田・齊藤・伊藤（2005）

表 3-2　TBLT の授業の流れ（試案）（小柳, 2008）

	学習ユニットの手順	SLA の認知過程	教師の役割
準備段階	①ウォーミングアップの話し合い（目標タスクに関わる過去の経験等）	・既存知識の活性化	（目標タスクの選定）
	②タスク先行型ロールプレイ	・強要アウトプット（学習者の中間言語でできることとできないことのギャップへの気づき）	・学習者の問題点の把握
	③目標タスクのビデオ視聴または聴解によるタスクの流れの理解	・談話レベルの気づき（コロケーションや単語の気づき＝チャンク学習）・インプット処理の促進	（インプット教材の作成）・タスクのゴールおよび談話の流れを理解させる
遂行段階	④予備練習	・意味交渉による FonF・リハーサル効果による流暢さの促進・プランニングによる言語的複雑さの促進	・インターアクション条件（グループ分け，情報差，ゴール等）の操作・プランニングの時間設定・プランニングの内容指示
	⑤タスクの遂行	・意味交渉による FonF・アウトプット処理の促進	・オンラインの注意配分の操作（e.g., 時間的制限の有無）・モニタリング
手当て段階	⑥タスクの振り返り及びフィードバック	・新たな言語形式の気づき・認知比較（アウトプット vs. フィードバック）	・タスク全体へのコメント・言語形式へのフィードバック
	⑦ "task-essentialness" を実現する教育的タスク	・インプット処理またはアウトプット処理による FonF	（インプット中心のタスクおよびアウトプット中心の taskessential なタスク作成）・タスクの成否に対するフィードバック
発展段階	⑧認知的により難しいタスクへ移行	・タスクの配列（易→難）により認知資源を言語形式に集約させて FonF	（タスクの認知的難易度の把握）

注：②⑦はオプション，学習者のレベル次第。②は中級以上，⑦は初級に向く。

教師の役割の（　　）は事前の準備（場合により教材化が必要）

●習得は，言語形式単位で進むのではなく，タスク単位で進む。

●タスクベースの教授法では，タスクでシラバスが構成される。

●タスクとは，学習者が実生活で遭遇するであろう，達成すべき具体的な課題のことである。それを目標タスクとし，それに近づけていくような教育的タスクをデザインする。

7 ペアワークやグループワークは何のため？

　今やどんな教授法をとっていても，コミュニカティブに教えない教授法はないと言われるほど，**コミュニカティブ・アプローチ**は外国語教育に浸透していると思います。このアプローチでは，教師主導ではなく，学習者中心の活動が奨励されています。それで，**ペアワークやグループワーク**を取り入れることが多くなりました。これは，第二言語習得研究から推奨されていることでもあります。しかしながら，ペアワークやグループワークが本来の役割を果たしているのか，あらためて考えてみましょう。筆者が知るかぎり，文型を導入すると，教科書のドリルをすぐに「じゃ，となりの人とやってみて」と言って，学習者にペアでやらせているケースも多々あるようです。それが，文型練習のこともありますし，単に単語や表現を代入するだけの会話練習のこともあります。何のためにペアワークやグループワークをするのか，習得過程における意味合いを，本節では考えてみたいと思います。

　これまでも，習得は，インターアクションを行う中で**意味交渉**が生じるところに起きることを述べてきました。つまり，インターアクションは，習ったことを練習する場というより，むしろ，インターアクションにおける意味交渉を通して言語が発達すると考えられているのです。教師主導の授業の問題点は，意味交渉の機会がかぎられてしまうことです。教師は，職業柄，どうしても答えを知っている質問をしがちです。また，学習者の日本語に慣れていますから，多少発音が悪くても，文が不完全であっても，言いたいことがすぐわかってしまい，わざわざ，そこを追求せずに授業を進めることもあります。学習者の方も，教師が言っていることがよくわからなくても，教師に対して聞き返すのは失礼だと思ったり，聞き返すと，自分がわかっていないことをほかの人に知られるのは恥ずかしいと思ったりして，何も言わずにやり過ごすことも多いと思います。したがって，教師と学習者との間には，意味交渉はなかなか生まれにくいのです。それで，それを補うために，もっとリラックスした雰囲気の中で，学習者同士でインターアクションをすることが推奨されるようになりました。

　しかし，教科書にある文型練習や会話練習を学習者同士でするということは，ドリルのキューを出すべき教師が，それぞれのグループに入ることはできません。それで，結局，学習者は教科書の文字を見ながら練習することになることもよくあります。文字を見ながらですから，習得の基本である耳から入れるということもできていません。また，ドリルのキューも文字ですべて見ながら，学習者同士でドリルのパターン通りにほとんど読んでいるわけですから，そこには意味交渉が起きるはずもありません。このような練習は，教師主導で，教師がキューを出して，全員が声を出して，テンポよくドリルをする方がずっと効率がいいような気がします。初級ならドリルの文も短いので，やっているうちに，ドリルのパターンはすぐ覚えられます。本を見ながらやる必要はないように思います。このような練習は，教師主導で手短に行うべきだと思います。なんでもペアワークにすればいいというわけではありません。

　ペアワークやグループワークは，意味交渉が生じるように，**インフォメーションギャップ**があるタスクに用いるべきだと思います。でも，教科書のドリルをペアで練習させることはあっても，肝心の意味交渉が起きるようなタスクが行われていないケースも多々あるように思います。教科書には基本の練習しか出ていないことが多いので，それ以上にどうふくらませて教えるかは，教師の腕の見せどころだと思います。意味交渉を起こすために必要な条件は，まず，タスクの参加者の間にインフォメーションギャップがあることです。学習者それぞれが，異なる情報を持っているからこそ，インターアクションをする必然性が生まれるのです。また，それぞれが持っている異なる情報を共有しないとタスクが達成できないというようにデザインされたタスクにおいて，意味交渉がより多く起きると考えられています[33]。

　第 4 節で紹介したロールプレイのカードは，教科書として提供されていると相手のカードも見てしまいます。でも，お互いのカードを見ることができない状況にして，それぞれに異なる情報を与えていれば，相手の出方がわからないので意味交渉を促進するタスクの一つだと考えられます。ペアがそれぞれ異なる絵を持って，2 枚の絵の違っているところを探し出すようなタス

33　Pica, Kanagy, & Falodun（1993）のまとめを参照。

クは，初級でも存在の表現を習ったときに使われていますが，これもインフォメーションギャップのあるタスクだと言えます。

　さらに，タスクを達成した暁に出てくる成果が，ただ一つであるように操作されている方が，意味交渉が起きやすいとされています。つまり，どのペアやグループも，同じ結果にたどりつくということです。その意味では，自由会話は話がどこに進んでいってもいいわけですから，このようなタスクとは対極にあります。自由会話なら，多少相手の言っていることがわからなくても，わかったふりをして，会話を続行することもできます。ですから，意味交渉という点では，自由会話は適切ではありません。ただ，自由会話のような開いたタスク（open task）は，あるまとまった長さの話ができるというような，談話能力の発達には役立つので，教室活動で行うタスクは意味交渉がすべてというわけではありません。

　このようなことを明らかにするために，教室習得研究では，インターアクションをするグループとインターアクションをしないグループを比較するというような実験が多く行われました。そして，インターアクションを行った方が習得への効果があったことが示されています。また，インターアクションの直後は語彙への効果が大きく見られますが，文法は少し時間を置いてからの方が，効果が現れる傾向があります。このような暗示的な指導は，効果が現れるまでに少し時間がかかりますが，その効果は持続すると言われています[34]。さらに，このように人為的に操作した実験ではうまくいっても，実際の教室ではうまくいかないのではないかと疑問が呈されたこともありました。でも，いわゆる実験室と実際の教室環境で，意味交渉の頻度に違いがない[35]ことも示されています。

　このような学習者同士の活動をすると，学習者がほかの学習者の誤りをそのまま取り込んで真似してしまうのではないかという心配があると思います。でも，習得研究では，学習者がほかの学習者の誤りを取り入れてしまうことはあまりないとされています。また，学習者同士で誤りを修正し合うこともできると言われています。それから，学習者間には，能力差があった

34　Keck, Iberri-Shea, Tracy-Ventura, & Wa-Mabaleka (2006), Mackey & Goo (2007) のまとめを参照されたい。

35　Gass, Mackey, & Ross-Feldman (2005)

り，積極的な学習者と消極的な学習者もいて，グループ活動がうまくいかな
いのではと考える教師もいるかもしれません。でも，能力の高い方の学習
者，積極的な学習者とそうでない学習者を組み合わせると，うまくいくと言
われています。特に，能力の高い学習者，積極的な学習者の方を情報の受け
手にして，そうでない学習者に情報を伝える側の役割を与えるといいようで
す。そのようなときには，能力差や積極性に差がないグループと同等の意味
交渉が起きたとされています[36]。したがって，学習者の違いをネガティブに
とらえるのではなく，グループダイナミクスを生み出す源だとポジティブに
とらえるべきでしょう。

　さらに，学習者中心の教室活動は，学習者が能動的に学習のプロセスに関
わるので，学習者の動機づけを高めるとも言われています。クラスによって
は，学習者同士が仲が良いクラスもあれば，あまり交流がなさそうに見える
クラスもあります。ペアワークやグループワークを取り入れることを想定し
ている場合には，授業初日から学習者同士が仲良くなり，活動がスムーズに
なるような雰囲気作りをすることが大切だと思います。

- ●ペアワークやグループワークは，インターアクションにおける意味
交渉を促進するために用いる。
- ●意味交渉が起きるタスクは，インフォメーションギャップがあり，
参加者がお互いの情報を共有しないとタスクが遂行できないように
デザインされたものである。
- ●ペアワークやグループワークのような学習者中心の活動は，学習者
の動機づけを高めるのにも役立つ。

36　Cameron & Epling（1989），Yule & MacDonald（1990）など

8 教師のフィードバックは有効か？

　前節では，ペアワークやグループワークの意義について考えました。学習者中心の授業を実施する中で，教師は何をすればいいでしょうか。学習者同士がペアやグループで活動している間に，教師はそれぞれのグループを回って，アドバイスをすることができると思います。また，ひと通りの活動が終わったら，どこかのグループに代表してやってもらうとか，グループ毎に皆の前でやってもらうこともあるでしょう。ペアワークの後には，学習者一人を指名して，教師とタスクをやるということも考えられます。学習者中心の時間も，クラス全体でやる時間も，教師に求められるのは，まずは文法的に正しいインプットを提供することです。特に日本人が教師である場合は，教師が教室で唯一の母語話者になります。そして，学習者が期待している教師の大きな役割は，やはり，学習者の誤りを訂正することでしょう。本節では，教師の**フィードバック**が本当に習得に役立っているのか，役立つとしたら，どのようにフィードバックを与えるのがより効果的なのか，考えてみたいと思います。

　行動主義心理学の知見を取り入れた**オーディオリンガル・メソッド**では，誤りは厳しく直されました。バリバリのオーディオリンガルでトレーニングを受けた学習者は発音がいいという評価もありました。一方，モニター理論を取り入れた**ナチュラル・アプローチ**では，母語を習得する子どもが一年近くも話さず，じっとインプットを聞いていることから，第二言語習得でも，沈黙期があることを許容し，発話を強制しませんでした。また，誤りの訂正をすると，学習者を余計に緊張させるので，インプットが学習者の頭の中に入っていかないと考えられていました。それで，「情意フィルター」という心理的な障壁ができないように，誤り訂正はしないという方針でした。

　第1章第3節で，第二言語習得に必要な情報に「**肯定証拠**」と「**否定証拠**」があると述べました。あらかじめ，目標言語で何ができないか文法説明しておくことも，母語話者が使っていないというのも否定証拠です。でも，否定証拠の中でも大きな部分を占めているのは，教師の誤りの訂正です。教

127

室習得研究では，誤りの訂正のことを「**否定的フィードバック**」または「**訂正フィードバック**」と呼んでいます。研究の焦点は，どのようなタイプの否定的フィードバックが習得をより促進するかということです。

　インターアクション重視や，タスクベースの教授法の提唱といった教室習得研究の動向の中で，特に「**リキャスト**」と呼ばれるフィードバックに関心が集まるようになりました[37]。リキャストとは，学習者の誤った発話に対して，意味を維持したまま，発話のすべて，または一部を再形成して，コミュニケーション上の自然な反応のようにして与えるフィードバックのことです。以下は，リキャストの例です。

> 学習者：きのう　寮<u>に</u>パーティーがありました。
> 教　師：へえ，寮<u>で</u>パーティーがありましたか。
> 　　　　おいしい物を食べましたか。

　教師は，学習者の発話の内容に反応しながら，さりげなく助詞の誤りを直しています。意味重視の授業の中では，明示的に誤りを指摘したり，そこで誤った理由について説明したりするより，コミュニケーションの流れを止めずにフィードバックを提供できるので，習得にも有効ではないかと考えられたのです。みなさんの中にも，外国語を話していて，表立って直されたわけではなくても，リキャストを受けて心の中で「あっ」と思ったような経験があるのではないでしょうか。リキャストは，学習者に誤りを訂正されたと認識された場合はいいですが，曖昧で学習者に気づかれないのではないかと議論になりました。特に，リキャストに対して，学習者が何も反応せず，修正アウトプットが出されないことが多いので，リキャストは曖昧で役に立たないという批判[38]が起きました。

　これに対しては，実はリキャストが習得に使われたという反証があります。リキャストは暗示的なフィードバックですが，学習者が暗示的にリキャストを取り込んでいたという証拠[39]が示されたのです。英語の疑問文には普

37　研究のまとめは，Goo & Mackey（2013），小柳（2016b）を参照されたい。

38　Lyster & Ranta（1997）など

39　McDonoguth（2006），McDonough & Mackey（2006）

遍の発達段階がありますが，(1) の例は，学習者が発達段階 3 にあたる発話をしたときに，母語話者が発達段階 5 に相当するリキャストをして，学習者はそれを繰り返しています。でも，その後で学習者が疑問文を発話したときには，また発達段階 3 に戻っています。一方，(2) の例では，リキャストされても学習者はそれを繰り返すことはありませんでした。でも，その後には，リキャストと同じ発達段階 5 の疑問文を産出しています。つまり，最初の疑問文の発達段階より上の疑問文を産出したということです。さらに，事前テストと事後テストでリキャストの効果を調べたところ，リキャストを繰り返さなかった学習者の方が本当に発達段階が上がっていたということです。リキャストを繰り返して反応が見られた学習者には，実は発達段階に変化は見られなかったのです。

(1) リキャスト直後に繰り返しをともなう場合

   NNS：where you live in Vietnam?　（段階 3）

   NS　：where did I stay in Vietnam?（リキャスト　段階 5）

   NNS：where did you stay?　（繰り返し　段階 5）

   NS　：I started in Hanoi and went down the coast to Hui and Danang and I ended in Saigon

   NNS：where the event take place?　（段階 3　誤りは未訂正）

(2) リキャストの後にプライミング産出がある場合

   NNS：why he get divorced?　（段階 3）

   NS　：why did he get divorced?　（リキャスト　段階 5）

   NNS：yeah

   NS　：because he knew his wife was having an affair so he didn't want to be with her anymore

   NNS：so where did Mr. Smith live?　（段階 5）

   NS　：with his friend

（McDonough & Mackey, 2006, pp. 710-711）

　この（2）のような現象を，心理学では「**プライミング**」と言います。プライミングとは，先に受けた刺激の影響で，その後の刺激に対する反応が変わることです。これは，母語話者同士の会話でも起こります。たとえば，だれかが受け身を使ったら，その本人やほかの人までそれにつられて，会話の間じゅう受け身を使い続けるというようなことが起きるとされています。覚えようという意識がなくても，その後の問題解決に促進的な効果をもたらすことを「**プライミング効果**」と呼んでいます。そして，このようなプライミングこそが，暗示的な学習メカニズムでいう「**気づき**」だとされています。

　リキャストの曖昧性を批判している研究者[40]は，リキャストに代わるフィードバックとして「**誘導**（prompts）」を勧めています。誘導とは，誤りの再形成ではなく，学習者に自己修正を促すタイプのフィードバックです。**表 3-3** に示したように，リキャストはインプットを提供するフィードバックで，誘導はアウトプットを引き出すフィードバックだとされています。誘導の中には，説明を与えるメタ言語的フィードバックのような明示的なものから，明確化要求のような暗示的なものまでが含まれます。最初にリキャストが批判されたときは，誘導のフィードバックすべてとリキャスト一つで比較されていて，いかにもリキャストに不利な実験デザインでした。しかし，同程度に暗示的なリキャストと明確化要求を比較すると，効果に違いは見られない[41]ようです。**明確化要求**は，第 4 節でも述べたように，**強要アウトプット**を引き出すのに有効なフィードバックです。

　どのフィードバックが有効かは，学習のコンテクストや談話の中のタイミングにも左右されます[42]。リキャストは学習者の直後の反応がないことで批判されましたが，大人のインターアクションではわざわざ相手の言ったことを繰り返すのが不適切なことも多いです。暗示的なフィードバックは，意味あるコミュニケーションの活動をしているときに有効ですが，メタ言語的なフィードバックをそのような場面で与えると興ざめです。また，せっかく言語処理のシステムを動かしているのに，そこで文法説明が始まってしまうと，言語処理が止まってしまいます。メタ言語的，明示的なフィードバック

40　Lyster & Ranta（1997），Lyster（1998, 2004），Panova & Lyster（2002）など

41　McDonoguh（2007）

42　Goo & Mackey（2013）のまとめを参照されたい。

が効果的な学習場面は，どうしても機械的な文法練習をしているときになってしまうと思います。

表 3-3　訂正フィードバックの分類
(Adams, Nuevo, & Egi, 2011, p. 44 に基づく　小柳 2016b 訳)

インプット／アウトプットの区別	フィードバック	NNS の誤りに対する NS のフィードバックの例	明示的／暗示的の区別
インプット提供	明示的訂正	No，it's not goed—went.	より明示的 ↑
	リキャスト	John went to school.	より暗示的
アウトプット誘導	メタ言語的フィードバック	-ed is for past tense of regular verbs，and "go" is an irregular verb.	より明示的 ↑
	抽出	John....?	
	反復	John goed to school?	
	明確化要求	Pardon?	より暗示的

　教室でリキャストを成功させるには，どんなときにリキャストが与えられるのかが一貫していて，そのほかの学習者の発話に対する反応とはっきり区別しなくてはならない[43]と思います。実際の教室では，教師は発音にもさまざまな文法項目にもフィードバックを与える傾向がありますが，ある期間集中して特定の言語形式にリキャストを与える方が有効に機能するとされています。教室習得研究でも，英語で理科の授業を受ける高校生に，実験を報告するときに必要な過去形と，実験の仮説を立てるときに使用する仮定法をターゲットにして，一学期集中的にフィードバックを与えて効果があったという研究[44]があります。

43　Doughty（2001）
44　Doughty & Varela（1998）

　あらためて考えると，学習者とやりとりしながら，リキャストのような暗示的フィードバックを与えるのは，一見難しいような気がします。でも，実際の日本語の教室を観察した研究[45] では，教師が最も使っていたフィードバックはリキャストだったことが報告されています。教師は，意味あるコンテクストの中で伝達活動を行う中で，学習者の発話に自然に反応しながら，かつ意識して，リキャストなどの暗示的フィードバックを効果的に与えられるよう努める必要があると思います。

- ●教師の誤りの訂正を否定的フィードバックといい，学習者の習得に欠かせないものである。
- ●意味ある伝達活動をしている場合は，学習者の発話の誤りを訂正して自然に反応するようにフィードバックをするリキャストや，学習者の発話の修正を促す明確化要求のような，暗示的なフィードバックが有効である。
- ●文法重視の活動では，明示的に誤りを指摘したり，メタ言語的説明を与えるような明示的フィードバックを与えてもよいが，そもそも文法重視の活動をすべきかは再考の余地がある。

45　Wei（2003）

9　正確さと流暢さ，複雑さのバランスをどう取るか？

　外国語教育では，正確さと流暢さとどちらが大切か，どちらをより重視するかで常に理論の振り子が揺れてきました。伝統的な外国語教育は文法重視でしたから，正確さに重きが置かれていました。コミュニカティブ・アプローチが入ってきてからは，流暢さにも目が向けられるようになりました。でも，うまくバランスを取るのは難しく，妥協案として初級は正確さ，中級以降は流暢さにシフトしていくというようなことが考えられたりもしました。第1章第1節で述べたように，今の教室習得研究では，正確さ，流暢さ，複雑さの3拍子そろった言語能力を習得のゴールとしてとらえています。正確さと流暢さのみだったら，学習者は，やさしい構文，基本的な語彙で，間違えずに流暢に話し続けられるかもしれません。でも，習得という観点からすると，複文や連体修飾が使えるなど構文的に複雑なものが使えることや，日本語だったら漢語（抽象語彙）が使えるというようなことも加味しないと，習得段階として上に進むことはできません。それで，複雑さも重要な要素として考えられるようになっています。

　一般に「あの人は日本語が流暢だ。」と言う場合，「良い話し手」と言う意味で，正確さも含め，包括的に広範な言語運用能力をさすものとして使っていることが多い[46]ようです。第二言語習得研究では，厳密に学習者の言語産出能力を調べるために，複雑さ（Complexity）正確さ（Accuracy）流暢さ（Fluency）の頭文字を取って CAF という枠組み[47]で，さまざまな研究が行われています。これは，従属節の数を数えたり，誤りを含む文やポーズの長さ，言いよどみの回数などを数えたり，というような計算をしますから，分析するのにとても時間がかかります。ですから，そのまま教室での評価に用いることはできません。願わくば，研究において CAF で調べられた結果と，外国語教育で一般に使われる ACTFL-OPI や CEFR などの評価基準が一致することが望ましいと思います。本節では，どうやって CAF の3拍子

46　Schmidt（1992）

47　Foster, Tonkyn, & Wiggleworth（2000），R. Ellis & Barkhuizen（2005）

そろった言語運用能力を培っていけばいいのか，考えてみましょう。

　第2節で，第二言語習得研究で関心を集めているテーマの一つに，**明示的学習**と**暗示的学習**の対比があることを述べました。この二つのタイプの学習は，正確さと流暢さの点でも違いが出ます。明示的学習で発達するのは**宣言的記憶**ですが，この記憶は項目を一つずつ思い出すタイプの記憶です。ですから，「初めて話すトピックには『が』を使う。」「場所を表す助詞には『で』を使う。」というような知識が，一つずつ取り出されるのです。時間があるときならまだいいですが，自発的な発話となると，そのような知識をいちいち呼び出してきても，なかなか文が組み立てられません。したがって，明示的学習では，流暢さは生まれないとされているのです。また，宣言的記憶が手続き的記憶に変換されるかというと，それも脳の仕組みで見るかぎり，変換されるプロセスは起こっていない[48]ようです。

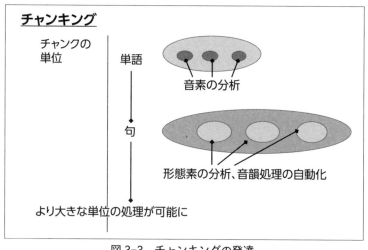

図3-3　チャンキングの発達

　一方，暗示的学習は，記憶の**チャンキング**というシステム[49]と関係があります。暗示的学習では，音，単語，句，単文とより大きな言語単位を処理できるようになっていくことを本書では述べてきました。記憶で処理できる単

48　Hulstijn（2002），川人・銅谷・春野（2002）
49　N. Ellis（2001, 2003）

位を，**チャンク**と言いますが，チャンキングというのは，チャンクをより大きな単位に統合していくプロセスです[50]。より大きな単位で処理できるようになると，その下位の心的表象（＝抽象レベルの心理的な知識構造）はより分析的になっていきます。でも，分析的になったからといって，規則の形で長期記憶に貯蔵されているわけではありません。最初は凡例ベースで記憶から取り出していたのが，さらに習得が進むと，やがて，記憶から取り出すときには，過去の事例にアクセスできる[51]と考えられています。それで，記憶からの検索は素早くなり，流暢さも生み出すとされているのです。また，事例にアクセスできるということは，タスクベースで学習した場合は，そのタスクに関連する語彙や表現，文法などが連なって一緒に思い出されるということです。よって，暗示的学習が流暢さの源だと考えられているのです。

さらに，第二言語習得の重要なプロセスには「**再構築**」と「**自動化**」があります。再構築とは，新情報を長期記憶に取り入れ，既存の知識と結びつけ，再編成して統合した心的表象を作り出すことです。一方，自動化とは，言語処理の一連の手順が自動的に動くようになることを意味しています。言語のみならず，認知スキルの習得において，課題の反応時間（流暢さ）と誤用率（正確さ）を調べると，練習の初期の段階では，反応時間と誤用率が急カーブで著しく改善します。そして，その後はゆるやかに反応時間と誤用率が減少していくと言われています。

著しく反応時間と誤用率が減少してからゆるやかなカーブに変化する時点は，心的表象に質的な変化，すなわち再構築が起きた証とされます。そして，ゆるやかに変化していく過程は，自動化が進んでいると解釈されています。しかも，反応時間（流暢さ）も誤用率（正確さ）も，連動して同様の曲線を描いて変化していくということです[52]。すなわち，言語をスキルととらえると，その発達過程において，正確さと流暢さは，本来，同時に変化していくと考えていいと思います。

タスクベースの教授法が教室習得研究から推奨される一方で，タスクに関する研究は今も続けられています。たとえば，どのようにタスクを用いた

---

50 Newell（1990）

51 Logan（1988）

52 Robinson（2001, 2005, 2007, 2011）

ら，言語能力の正確さ，流暢さ，複雑さのどの側面にインパクトを与えられるか，というようなことが研究されています。まず，シラバスはタスクベースになりますが，どういう順序でタスクを配列するかという基準として，タスク自体の**認知的複雑さ**があげられています[53]。たとえば，「今ここ」という今起きていること，目の前に見えていることを記述するのは，過去や未来のことを話すよりは認知的にやさしいです。また，日常のおしゃべりをしているときは，短い文やときには完全文までいかない言語の断片で会話がどんどん進みますが，ビジネスの交渉や訴訟の場面では，仮定的な見込みの話をして相手を説得するなど，言語としてもより複雑な構文や語彙が求められます。したがって，タスクの認知的複雑さをあげていけば，自ずと言語的な複雑さも上がっていくという考え方です。タスクの認知的複雑さは，言語の複雑さをともなうと考えられているのです。

　教室では，学習者は考える時間を与えられるので，そのときに言語形式に注意が向いて，複雑な構文を産出する傾向があることは早くから言われていました[54]。教室の外では，学習者は，その場のコミュニケーションに必死で，言語形式について考えてみる時間もなく過ぎていくことが多いと思います。でも，タスクをする前に準備する時間があったり，考えをまとめて作文を書く時間があることで，学習者は少し立ち止まることができると思います。このように，タスクの実施手順でも，学習者のパフォーマンスにインパクトを与えられるのです。

　タスクの実施手順に関する研究で，最も効果がはっきりしているのが，タスクの繰り返しです。同じタスクを繰り返すと，何を話すかというメッセージ生成の負担が軽減されるので，それを表現する言語形式の方に注意が向き，流暢さが改善したり，語彙や談話構造が洗練されたりすると言われています[55]。また，タスクをやる前に，少しリハーサルをするのも，流暢さに効果があるとされています。さらに，タスクをどのように遂行するかを考えるような方略的**プランニング**の時間を与えると，複雑さや流暢さに効果がある

53　DeKeyser（1997, 2001）

54　Crookes（1989）

55　Bygate（2001），Lambert, Kormos, & Minn（2017）など

ようです[56]。タスクに成功するには，自分の考えをまとめ，どのように話すかを考えることが大切で，語彙や文法にあまりとらわれない方がむしろいいとされています。プランニングでは，正確さには効果があまり見いだされていませんが，そもそも正確に使えていないものは，プランニングしたところで急に正確に使えるようにはならないからかもしれません。正確さに関しては，タスク遂行中のフィードバックなど，**Focus on Form** の指導テクニックを用いて，インパクトを与えることが必要でしょう。

ただ，タスクは1回きりのものなので，そのときの言語運用をどう解釈するか難しい面がある[57]ことも指摘されています。最近の研究[58]では，3学期にわたり英語学習者の口頭サンプルを調べた結果，正確さ，流暢さ，複雑さは連動して一緒に伸びていくことが明らかになっています。研究者の中には，これだけでは不十分で，もう一つの評価の要素として伝達目標達成の成否といった「**適切さ**」をあげている人もいます[59]。母語話者から見て，コミュニケーションがどの程度自然でうまくいったかという評価指標です。

いずれにしても，タスクの実施方法により，そのときのパフォーマンスには正確さ，流暢さ，複雑さのいずれかの側面にインパクトを与えることが可能です。全体的には時間とともに，学習者の言語は，三つの側面が関連し合って伸びていくと考えられます。

---

56 Foster & Skehan（1996），Mehnert（1998），Ortega（2005），Pang & Skehan（2014）など
57 Larsen-Freeman（2009）
58 Vercellotti（2017）
59 Palottie（2009），Révész, Ekiert, & Torgenson（2016）

- スキルの習得では，正確さと流暢さは連動して改善する。
- 明示的学習では流暢さは生まれない。流暢さの源は暗示的学習である。
- 正確さと流暢さに加え，複雑さ（構文的な複雑さ，語彙の多様性）を伸ばすことも考えるべきである。
- タスクの認知的複雑さを上げていくと，それにともない，言語的複雑さも上がる。
- 同じタスクを繰り返すと，流暢さに効果がある。
- 事前にプランニングするときは，文法や語彙にとらわれ過ぎず，何をどのように話すかを考えた方が，タスクがうまくいく。

10 何をもって定着したと見なすか？

　学習者言語は，逆行，後退を繰り返しながら複雑な発達過程をたどるので，特定の言語形式がどの時点で習得されたかを判断するのは難しいです。第2章第2節で述べたように，学習者言語は右肩上がりに伸びていくものではありません。U字型のような曲線を描きながら発達することも多いです。ですから，学習者の発達段階を決めるのは，正用率ではなく，ある段階の特徴的な言語の表出が始まった段階だとされています。また，教師が担当する学習者一人一人について，ある言語形式に関しては単にU字型の底にいるだけで，再び上昇カーブを描くのか，最初からそもそも習得されていなかったのかを見極め，覚えておくのも難しいと思います。また，教育現場で今まで一般に使われてきた文法のペーパーテストも，学習者が実生活で本当に日本語が使えるかを保証するものではありません。本節では，何をもって学習したことが定着したと見なすか，学習者言語の評価についても考えてみたいと思います。

　これまでも繰り返し述べてきましたが，今求められるのは，スキルベース，タスクベースで学習の定着を見るということだと思います。習得の単位は，言語形式ではなく，タスク単位で見ていくということです。第1章の第4章で述べたように，授業のやり方と評価方法に一貫性があることが大切です。タスクにおいては，行動目標が達成できればいいわけです。究極には，どんな手段を用いても，タスクが遂行できれば成功だという考え方もあります。たとえば，ドラッグストアで何かの薬を探すというタスクがあったとします。どんな薬が必要かは，教師が事前に条件を提示しておきます。ある学生は，店員にありかを聞いて薬を見つけるでしょうし，ある学生は，店内の表示や薬のパッケージの説明を読んで，薬を見つけ出してくるかもしれません。それでも，どちらの学生もタスクを達成できたという点においては，同等に評価するのです。

　しかしながら，やはり外国語の授業ですから，もっと言語的な側面も評価したいと思うのが教師でしょう。特に教室でのテストは到達度テストですか

ら，学習したことが評価されないと，教室学習をした意味がなくなってしまいます。タスクを遂行する中でもカギになる表現や語彙，文型など，授業で習ったことが使えたかを授業の評価の中に組み込むのは，もちろん可能だと思います。前節で，教室習得研究では，**正確さ**，**流暢さ**，**複雑さ**の観点から学習者の言語産出を測定するやり方があることや，伝達目標達成の成否といった「適切さ」を評価すべきとする考え方があることを紹介しました。大規模に実施される試験の評価基準を見ても，特に正確さはグローバルに評価されているように思います。ACTFL-OPI では，たとえば，発音だったら，下のレベルでは外国人の発音に慣れている人しか理解できないとされますが，レベルが上がるにつれ，どんな母語話者にも理解されるというように，レベルが上がれば発音も改善されるという評価になっています。言語形式の正確さも，最初から初級なりに完璧なのではなく，上に上がるにつれほとんど誤りが見られなくなるというようにとらえられています。

　今までペーパーテストで文型毎に学習者の能力を評価することに慣れていると，スキルベース，タスクベースの評価に頭を切り替えていくのはかなり大きな意識改革をともなうと思います。といっても授業が変わっていないのにテストだけ変えるわけにはいきませんから，授業の改革とともに一体となって考えていくべき課題だと思います。

- 学習者言語は，逆行，後退など複雑な発達過程をたどるので，ある言語形式がどの時点で習得されたかを見極めるのは難しい。
- 特定の言語形式の習得にこだわるのではなく，タスク単位でどれほど行動目標が達成されたかという評価に変えていくことが大切である。

表 3-4　ACTFL-OPI の評価基準
(牧野成一ほか『ACTFL OPI 入門』pp. 18-19)

①　判定の基準（概略）

	機能・タスク	場面／話題	テキストの型
超級 (Superior)	裏付けのある意見が述べられる。仮説が立てられる。言語的に不慣れな状況に対応できる。	フォーマル／インフォーマルな状況で，抽象的な話題，専門的な話題を幅広くこなせる。	複段落
上級 (Advanced)	詳しい説明・叙述ができる。予期していなかった複雑な状況に対応できる。	インフォーマルな状況で具体的な話題がこなせる。フォーマルな状況で話せることもある。	段落
中級 (Intermediate)	意味のある陳述・質問内容を，模倣ではなくて創造できる。サバイバルのタスクを遂行できるが，会話の主導権を取ることはできない。	日常的な場面で身近な日常的な話題が話せる。	文
初級 (Novice)	機能的な能力がない。暗記した語句を使って，最低の伝達などの極めて限られた内容が話せる。	非常に身近な場面において挨拶を行う。	語，句

②　正確さ

	文法	語彙	発音
超級	基本構文に間違いがまずない。低頻度構文には間違いがあるが伝達に支障は起きない。	語彙が豊富。特に漢語系の抽象語彙が駆使できる。	だれが聞いてもわかる。母語の痕跡がほとんどない。
上級	談話文法を使って統括された段落が作れる。	漢語系の抽象語彙の部分的コントロールができる。	外国人の日本語に慣れていない人にもわかるが，母語の影響が残っている。
中級	高頻度構文がかなりコントロールされている。	具体的で身近な基礎語彙が使える。	外国人の日本語に慣れている人にはわかる。
初級	語・句のレベルだから文法は事実上ないに等しい。	わずかの丸暗記した基礎語彙や挨拶言葉が使える。	母語の影響が強く，外国人の日本語に慣れている人にもわかりにくい。

③　正確さ（つづき）

	社会言語学的能力	語用論的能力（ストラテジー）	流暢さ
超級	くだけた表現もかしこまった敬語もできる。	ターンテイキング，重要な情報のハイライトの仕方，間のとり方，相づちなどが巧みにできる。	会話全体が滑らか。
上級	主なスピーチレベルが使える。敬語は部分的コントロールだけ。	相づち，言い換えができる。	ときどきつかえることはあるが，一人でどんどん話せる。
中級	常体か敬体のどちらかが駆使できる。	相づち，言い換えなどに成功するのはまれ。	つかえることが多いし，一人で話しつづけることは難しい。
初級	暗記した待遇表現だけができる。	語用論的能力はゼロ。	流暢さはない。

「ACTFL の外国語能力基準およびそれに基づく会話能力テストの理念と問題」
牧野 成一（『世界の日本語教育』第 1 号，国際交流基金，1991 ※一部改訂）

11 ┊ 4技能のバランスをどう取るか？

　日本語初級では，オーラルを重視してきたので，日本語の勉強を始めて半年か1年の学習者の日本語を聞くと，普通の日本人はたいてい驚きます。自分の中学1年が終わった段階の英語能力を思い起こすからでしょうか。私がアメリカにいた頃も，日本語教育は日本の英語教育よりずっと進んでいると自負している教師もいました。また，日本国内の日本語教育は，教室の外では目標言語が使用されている環境なので，外で実際に使える日本語を教えるという意識は，英語教育に比べると高かったと思います。

　でも，中級以上になると，読解の比重が高くなりがちです。日本語能力試験のN1合格とか，大学，大学院に入るということが目的になると，なおさらです。でも，読解といっても解読のような読み方になっていないか，本当の意味での読解が教えられているか，危惧するところもあります。日本語能力試験のN1に受かって大学に入ってくるような学習者でも，話す能力が弱かったり，大学の授業についていくだけの言語運用能力が4技能全般にわたって十分に身についていないという教師の嘆きもよく聞きます。

　以前，民間の某語学学校がテレビのコマーシャルや電車の吊り革広告の中で「『聞く』『話す』『読む』『書く』ネイティブの手順」と宣伝していました。その学校の方針も，ネイティブと同様の手順で外国語を教えるということだったと思います。第3節で，教室における**インプット**の問題を考えましたが，習得はインプットから始まるのに，授業がインプット活動で始まるということは，あまり考慮されてこなかったことを述べました。第二言語習得研究自体は，インプットを受けた結果としての，**アウトプット**の口頭能力を中心に習得を論じることが多いのですが，広く第二言語研究となると「読む」や「書く」についても，さまざまな研究がなされています。4技能をどのように導入していくか，さらに，そのバランスをどのように取ったらいいのか，本節では考えてみたいと思います。

　第2章第6節であつかったように，外国語学習障害と認定される学習者には，**音韻処理能力**が弱いという問題がありました。また，第一言語における

リテラシースキルの習得には，音韻処理能力，特に**音韻意識**の発達が根本にあることを述べました。音韻意識とは，音素を自由に操ることができる能力です。**暗示的学習**のメカニズムでは，学習者は音の分析に始まり，単語の中の形態素の配列，文の中から単語の配列の規則性を見いだしていきます。その意味では，音素から形態素，統語へと習得のプロセスは連続しています。したがって，音韻処理能力が弱ければ，文法のパターンを見つけることにも支障をきたし，習得に影響が出てしまうと考えられます。そして，実際，第一言語では，音韻処理能力の弱さは，リテラシースキルのみに問題が起きますが，第二言語では 4 技能すべてに影響を及ぼし続けるとされています（第 2 章第 9 節の年齢とバイリンガリズムの議論も参照されたい）。

　したがって，日本語の初級でオーラルを中心に学習者の言語運用能力を鍛えるというのは理にかなっていると思います。ただ，今まではインプットを提供することへの配慮は十分ではありませんでしたから，まずは耳から良質のインプットを十分に入れるということを考えていく必要があります。そのためにも，口頭練習もできるだけ文字を見ないで，学習者の耳を研ぎすまさせて，練習するべきだと思います。文字があると，どうしてもそれに頼ってしまい，学習者の頭の中で，第二言語の音の心的表象がなかなか形成されないと思います。文字があると，母語に頼って自分なりの誤った音韻体系を形成する危険性があります。そうすると心的表象が実際の音と合致しないので，目標言語の聞き取りもうまくいかなくなってしまいます。

　筆者がアメリカにいた頃は，「日本語教師はハンドアウト作成に命かけすぎ」というようなことが，学会，研究会やワークショップの場でよく言われていました。日本語教師は本当に熱心な人が多いので，何でも手を焼いてしまう傾向がなきにしもあらずです。日本でも同じような状況だと思います。ある教師は「ハンドアウトにしないと何をやるか忘れるから。」と言っていましたが，ハンドアウトは教案ではありません。詳細に練習の手順を記した自分用の教案があれば，学習者への膨大なハンドアウトはいらないはずです。そして，さらに，最近はハンドアウトがパワーポイントのスライドに取って代わっているような傾向があります。何をスライドにするかは再考の余地があると思います。絵教材や実物の写真などは，紙で提示するよりコンピュータが威力を発揮できるところです。でも，文法の説明やドリル，練習

問題など何でもスライドにするのは考えものだと思います。

　中国の大学で日本語を専攻して留学してきた学生の話を聞くと，欧米系の学生なら2年かかるような文法を半年か1年で詰め込んでいるようです。後は漢字がわかるので読めるという前提で授業が行われているところが多いような気がします。日本に来ると，文法や読解のペーパーテストでは高い得点を取るのですが，欧米系の学生に比べると，口頭能力が弱いことが多いです。一方，欧米系の学生は，上級にたどりつくまでに中国人の学生よりは多くの時間を要しますが，上級まで来た場合は，ある程度4技能のバランスが取れていることが多いような気がします。中国人学習者は，学習初期に耳から入れるということをしていないので，日本語で音の表象が頭の中にしっかりできていないように思います。ですから，話すときに不正確だったり，読解も深い読みができていなかったりするのだと推察されます。

　筆者が大学でフランス語を勉強したときは，週に10時間以上，授業があり，最初の2か月間は，文字なしで耳から学ぶ視聴覚メソッドで，かなりのスパルタでした。教授陣の意図は，英語とフランス語は同じアルファベットを使うので，英語読みをしないようにということでした。大変でしたが，おかげで，フランス語の耳を作るのに役立ったと思います。また，すべてがわからなくても最初からフランス語だけでなんとか理解しようとする癖や，日本語を媒介せずにフランス語で考える癖がつきました。音韻処理能力は，先天的もしくは人生の早い段階で固定してしまう言語適性の一つですが，前述の中国人の学生の場合は，教室環境，教え方により，後天的に第二言語である日本語の音韻処理能力の発達が阻まれているように思わずにはいられません。

　読解は，音とは無縁のようで，実は文字情報をいったん音韻情報に変換して，その後は，聴解と同様の理解のプロセスをたどっています。漢字は音韻情報に変換しなくても，直接意味が取れます。でも，深い読みをするためには，音韻情報に変換した方が，**作動記憶**においてリハーサル（心的復唱）ができます。テキストを読みながら，読み進めるのに必要な情報を，音韻情報としてリハーサルができれば，作動記憶上に維持しておくことができます。でも，日本語の音韻情報をともなって漢語が頭の中の心的辞書に入っていなければ，音韻情報に変換することは難しいです。中国人学習者には，読解において漢字を拾って直接意味を取り，後は背景知識で補ってテキストの意味

のおおよそを推測して理解してしまう傾向があるように思います。それで，常識とは少し異なる結末になるような文章の読解で，誤った解釈に陥ることがあるのだと思います。

　このように見てくると，「読む」「書く」へと進むにしても，耳からしっかり入れるということがとても重要で，外国語教育の基本は「聞く」ことだということがわかるでしょう。第一言語と第二言語の音韻処理能力の相関は高いとされますが，第一言語で有する音韻処理能力を第二言語でも発揮するには，教室であらためて第二言語の音韻処理能力を発達させることが重要だと言えます。したがって，ネイティブの手順のように「聞く」「話す」そして「読む」と進むのは妥当なやり方だと思います。そして，読解の授業では，本当の読みが教えられているか，あらためて見直す価値があると思っています。

　読解の授業で，テキストに出てくる語彙や表現の意味や使い方を全部教えてから読解に入るのは，文法習得と同様，統合的な学習アプローチです。学習者はあらかじめ習った語彙や表現を足し合わせて理解すればいいのです。しかし，このような読み方は解読的で，本当に読む力はなかなかつかないと思います。また，教師が多くを説明して，学習者は受け身で聞いているだけというような授業を目にすることがあります。教科書には読解の問題が数題ついていることが多いですが，学生への内容質問は教科書の問題のみというような授業も見たことがあります。「読む」こともスキルなので，やはり学習者が自分で読まないと，読解力はつきません。内容質問に答えられても，学習者が本当に自分で読めたからではなく，教師の説明をよく聞いていたからだと考えることもできます。

　読解は，文字から情報を得るボトムアップのプロセスと，文脈や背景知識を使って理解するトップダウンのプロセスの両方が働いています。最近の読解の教科書は，課のはじめに，読む前に背景知識を活性化させるようなアクティビティがついているものが多く，多少知らない語彙があっても，背景知識も使いながらなんとか理解してみようと促すのに良い流れになっています。また，教科書には数題の内容質問がついていますが，学習者の理解を確かめる，あるいは促進するために教師ができる質問はもっとたくさんあるはずです。教科書の内容質問のページを開いて学習者に答えさせていくのも問題だと思います。学習者は，ほかの人が指名されて答えている間に，それ

を開かずに次に自分が当たりそうな問題の答えを考えていることも多く，学習者全員が質問に集中して考えるという状態になっていないように思います。テキストについてもっと多くの質問を作り，教科書の質問もそれとなく含んで，内容質問のページを開かずに質問をすればいいと思います。そのような質問が，最近はパワーポイントのスライドになっていることもあるようです。質問は一つ一つ提示されるとしても，授業では，やはり，耳で聞いて質問を理解し，答えることも重要だと思います。書いたものを見て答えるのは，後から宿題にでもすればいいと思います。

　また，テキスト全体，あるいはそれが無理なら，段落毎に理解したことを基に要約させることも必要だと思います。要約が無理なら自分のことばでパラフレーズして理解した内容を話すなどすれば，話す力も一緒に鍛えていることになります。また，学習者には理解したことを声に出してみることで，自分でも本当に理解できたか確認できると思います。第4節でアウトプットを出す方法の一つとして「協働ダイアローグ」という方法を紹介しましたが，同様の考え方で，**ピア・リーディング**[60]という，学習者同士がペアまたはグループになって読解を行う方法も提案されています。これには，ペアワークのペアではなく「ピア（仲間）」ということばが使われています。教師主導の読解では，教師が質問して学習者が答えるだけになりがちですが，学習者同士で質問し合い，理解したことを言語化しながら，能動的に読解を進める方法だと考えられています。もちろん，教師は活動中に学習者は何をすべきか，しっかり事前にガイダンスを与えるべきだと思います。

　さらに，課のテストや期末試験で，教科書と同じ文章にするか，初見の文章を使うかは悩むところだと思います。教科書と同じ文章で答えられても，授業中に教師の説明をよく聞いていただけで，学習者本人の読解力とは必ずしも言えない可能性があります。でも，教科書と同じようなテーマで初見の文章を探すのは，上級ならまだいいですが，中級あたりで探してくるのは大変だという問題もあると思います。また，教科書と同程度の難易度の文章を作成するのは難しいという問題もあります。ですから，テストの実現可能性や実用性を加味して，それぞれの教育機関で考慮する必要があると思います。

60　やり方の詳細は石黒（2018），舘岡（2005, 2015）を参照されたい。また読解を含むピア・ラーニングについては池田・舘岡（2007）を参照されたい。

　日本でさまざまな国からの留学生と接していると，特にヨーロッパの学生からは，オーラルに関する教え方は自分の国とあまり変わらないと思うけれども，読解は全く違うとよく言われます。ヨーロッパでは，読解というより，翻訳をすることが多いような印象を受けました。それで，日本でも翻訳のクラスはないのかとよく聞かれます。しかし，筆者の大学では上級を終えてからの翻訳のコースしか置いていないので，中級あたりの学生が取れる翻訳のコースはありません。日本の英語教育でいう「英文和訳」「和文英訳」のレベルで，本当はまだ翻訳のレベルには達していないと思います。

　著名な日本人の翻訳家が女子大生に「翻訳家になるにはどんな勉強をしたらいいですか」と聞かれて，「日本語をもっと勉強しなさい。」と答えていました。女子大生は，英語をどうやって勉強したらいいかという意味で質問したのだと思いますが，英語ができることは当然で，むしろ日本語の表現力の方が問われるということなのでしょう。それだけ翻訳は，外国語の能力以上に特殊な能力やスキルを必要とします。ですから，日本語学習者は，まだ中上級のうちは，理解したことを自分の日本語で表現できるくらいに深く読む練習をすることの方が重要だと思われます。

　読解研究[61]では，読解能力が低いと，文字から情報を取るボトムアップの処理に必死で，背景知識などからトップダウンで処理して解釈することがうまくできないのではないかと考えられたこともありました。でも，研究が進むと，読解能力が低い学習者の方がむしろ，**トップダウン処理**に依存しようとする傾向があることがわかってきました。読解能力が高い学習者は，トップダウンを使いつつも，**ボトムアップ処理**をしっかり行っていることが明らかになっています。また，読解の流暢さには，ボトムアップ処理の自動化が重要なようです。

　ですから，最近，多読[62]が推奨されていますが，読みの流暢さを培うには大切な活動です。初級であつかう読解は，内容がそれほど手の込んだものではありませんから，授業中でなく，宿題にでもして，学習者自身がたくさん読んで，ボトムアップ処理を鍛える必要があると思います。多読は，初級だけでなくどのレベルにも必要です。また，音読も最近，見直されています

61　読解研究の理論については，門田（2006），甲田（2009），堀場（2002）などを参照されたい。
62　日本語教育でも多読のための教材が出版されている（NPO法人日本語多読研究会など）。

が，テキストの内容を理解した後で，一人で，クラス全体で，ときには教科書付随のテープに合わせてテキストを目で追い，音読をする練習は，ボトムアップ処理の自動化を促進すると言われています。さらに，授業では精読をすることが多いと思いますが，大意を把握するスキミングや必要な情報のみを見つけ出すスキャニングのような粗読など，多様な読み方を行うことも必要です。

　多読の効用は，ボトムアップ処理の自動化だけではありません。同じテーマやトピックで多読をすると，タスク単位で習得が起きるのと同様に，トピック単位で第二言語であつかえることが増えていくと思います。語彙は頭の中の心的辞書に個別に格納されているわけではなく，関連する語彙は頭の中でネットワークのようにつながっているとされています。これは，習得の暗示的学習のメカニズムで，ある状況，タスクに関連する語彙や表現が連なって記憶に事例として貯蔵されていくのと同様です。ですから，訳語がついた単語リストで語彙を覚えるのではなく，文章の中で何度も同じ単語に出会うことが重要だと考えられます。あるテーマについての読解を，いくつかのパッセージを使って集中的に行うような授業は，このネットワークの形成を助けていると思います。そうすると，同様のテーマに再び遭遇するときには，ネットワークが活性化されるので，単語の意味も思い出しやすくなるのです。

　上級になると，漢語などの抽象語彙が増えていきますが，これをオーラルだけで学習するには限界があり，読解を通して上級レベルの語彙を増やし，オーラルでも活用できるようにすることは大切だと思います。実際にACTFL-OPIの上級の基準にも抽象語彙が使いこなせるという条件が入っており，オーラルの試験ですが，読解もやっていないと基準がクリアできないような記述になっています。

　読解は，4技能の中でも特に第一言語と第二言語の相関が高いとされますが，それは音韻処理や作動記憶の働きが顕著に関わっているからだと思います。でも，第二言語の「書く」能力は，第二言語の「読む」能力との相関が高いと言われます。「書く」能力に関しては，それほど簡単に第一言語から第二言語への転移は起きないようです。第二言語の読解力との相関が高いのは，書くという行為には，書いたことを何度も読み直して修正するという作

業がともなうからです。読解力が高い方が，自分の書いたものを読んで文の構成を見直したり，表現をもっと適切なものに置き換えたりすることもうまくできると考えられます。すなわち，書く能力を発達させるには，たくさん読むということが必要だということです。

　作文の授業では，オーラルと同様，**フィードバック**をどう与えるかということが問題になると思います。筆者が学習者を観察していると，せっかく時間をかけて作文を添削しても，よくてその場で修正箇所やコメントを確認してもらえますが，教師の苦労の割に，返却したらそれっきりになっているのではないかと思うことがよくありました。学習者の言いたいことがわからない場合は，こちらで意図を推測して一生懸命直すわけですが，それが必ずしも学習者の言いたいことではない場合もあります。それで，1回目は誤りの指摘とコメントのみで，もう一度書き直してもらうと，学習者の言いたいこともよくわかった上で，誤りのみ訂正すればいいので，二度手間のようで手間がかからず，学習者にも勉強になっているように思われました。

　それを学習者同士で行う，**ピア・ライティング**という方法もあります。ピア・リーディングと同様，学習者は協働でお互いの作文を見せ合って，フィードバックし合うような方法です。書いた後の活動だけでなく，書く前に何を書くかを考えるブレーンストーミングの活動にも使えると思います。教師のフィードバックは，文法の誤りなどにどうしても注意が向いてしまう傾向がありますが，学習者同士でフィードバックすると，内容やその構成が改善するとも言われています。ピア・ライティングのようなやり方は，学習者が能動的に書くプロセスに関わり，授業が活性化されると思います。ピア・リーディングにしても，ピア・ライティングにしても，教師はただ学習者に任せていればいいのではなく，その時間に何をやってもらうのかお膳立てをしっかり考えておく必要があると思います。

　このように，日本語教育でも，スキルの導入はネイティブの手順と同様，「聞く」「話す」「読む」「書く」へと進むのが，習得のプロセスにも合っていると思います。しかも，それぞれのスキルは関連し合っていますから，4技能が導入されたら，それらを統合して教えるということも大切だと思います。4技能の中で，特に「書く」に関しては，学習者によっては自分の将来的なニーズにはないので不要だと思うかもしれません。でも，書くときには

考える時間があるので,言語習得の観点から見ても,言語の複雑さを上げる
チャンスです。確かにアカデミックライティングまでは不要だという学習者
は多いと思いますが,それ以前の段階までは作文の機会を与えた方が,話す
ことにも波及効果があるような気がします。

ここが
ポイント!

- ●音韻処理能力が言語の基本にあり,最初は耳からしっかり入れると
  いうことが大切である。
- ●読解も音韻処理能力が基本にあり,読解に入るときにオーラルのス
  キルが十分に発達していることが重要である。
- ●読解は精読,多読,粗読(スキミング,スキャニング)など,多様
  な読みの活動を行う必要がある。
- ●第二言語の書く能力は,書いたものを読み直すプロセスをともなう
  ので,読解力との相関が高い。
- ●抽象語彙(漢語)は読解を通して習得されることが多いので,上級
  の口頭能力は,読解もできることが示唆されている。
- ●同じテーマのテキストを多読すると,頭の中に関連する語彙のネッ
  トワークができ,新しいテキストを読むときに,そのネットワーク
  を活用しやすくなる。
- ●「ピア・リーディング」や「ピア・ライティング」という学習者同
  士で協働で読解の理解過程を言語化して理解を深めたり,作文のプ
  ランニングや推敲過程を言語化する方法がある。いずれも,教師主
  導の授業より,学習者が能動的に口頭で表現しながら「読む」「書
  く」に関わることができる活動である。

12 習得を促進する教授法とは？

　本章では，教室習得研究の知見に基づき，教室指導はどうあるべきかを考えてきました。また，そのような分野の研究者たちが，タスクベースの教授法を提唱していることにもふれてきました。タスクベースの教授法ではその実現方法について，第二言語習得研究の知見に基づき 10 の原則が掲げられています。最終節では，それに基づき，習得を促進する教授法とはどんな特徴を備えたものなのか，まとめたいと思います。表 3-5 の 10 の原則に基づいて，一つ一つ見ていきましょう。

表 3-5　TBLT の方法論上の原則 （Doughty & Long, 2003; 小柳, 2004 訳）

	原則	L2 における実行
活動	1. 分析単位としてテキストではなくタスクを用いる	TBLT（目標タスク，教育タスク，タスクの配列）
	2. 何かをやることにより学習を促進	
インプット	3. 精緻化インプット（簡略化しない，生教材のテキストのみに頼らない）	意味交渉，相互交流的な修正，精緻化
	4.（貧弱ではない）リッチなインプットの提供	様々なインプット源にさらす
学習過程	5. 帰納的（チャンク）学習を奨励	暗示的インストラクション
	6. FocusonForm	注意：言語形式と機能のマッピング
	7. 否定的フィードバックの提供	誤りへのフィードバック（例：リキャスト），誤りの訂正
	8.「学習者のシラバス」／発達過程を尊重	発達上のレディネスに対する教育的介入のタイミング
	9. 協働／協力学習の促進	意味交渉，相互交流的な修正
学習者	10.（伝達ニーズにより，また心理言語面への配慮から）インストラクションを個別化	ニーズ分析，個人差（記憶，適性）や学習ストラテジーへの配慮

　まず，活動の原則として「分析単位としてテキストではなく**タスク**を用いる」ことがあげられています。ここでいうテキストとは，各課で教える語彙や文型を決めて，それを教えるために人為的に作成されたモデル会話や読み物のことをさしています。第6節でも述べたように，分析単位は，語彙や文型ありきではありませんから，実生活で必要なタスクが拠り所になります。シラバスも当然タスクで構成されます。

　もう一つの活動の原則は，「何かをやることにより学習を促進する」ことです。第1節で，学習者には場面やコンテクストを意識させ，行動目標を明らかにすることが重要であることを述べました。言語項目そのものではなく，**行動目標**を掲げますから，タスクの中で何らかの行動を起こすこと，それが一義的なゴールになると思います。それに付随して，後から語彙や文法がついてくるような活動が推奨されているのです。

　教育実践においては，教室の外の実践で学習者が遂行すべきタスクが**目標タスク**になります。そこから派生させて，教室で行う**教育的タスク**をデザインすることが必要です。教育的タスクの難易度を少しずつあげていき，できるだけ目標タスクにおけるパフォーマンスに近づけていくことで，タスク単位で行動目標が達成され，教室で学んだことが実生活に転移可能になると考えられています。

　次に，習得の始まりである**インプット**についても，二つの原則があげられています。一つは「精緻化インプット」を与えることです。インプット仮説では，**理解可能なインプット**，すなわち母語話者同士の会話より簡略化したインプットを与えることが重要だとされていました。しかし，その後，簡略化したインプットではなく，インターアクションをするプロセスで，意味交渉を行って理解可能になったインプットの方が重要だとされるようになりました。音声のインプットでいうと，最初から簡略化するのではなく，意味交渉を通じて理解可能になったインプットの方が習得にインパクトがあることが明らかになっています。

　また，文字のインプットでも，簡略化したテキストより，精緻化したインプットの方が習得に効果があるとされています[63]。簡略化すると，確かに理

63　Yano, Long, & Ross（1994）

解は進みますが，やさしく書き直してしまうため，新たに何かに気づいて記憶に取り込むというような習得のプロセスは起きません。また，反対に生教材のテキストも，学習者のレベルによっては，適切ではない場合もあります。それで，教師が精緻化して書き直したテキストがよいと考えられています。たとえば，難しい単語を提示したら，それに続けて定義するフレーズを並べたり，段落と段落の関係が明確になるようなつなぎの文を加えたり，重要なことを繰り返したりするような操作をします。そうすることで，学習者の習得のプロセスが促進されると考えられているのです。

　もう一つは，「リッチなインプットの提供」です。第 3 節ではインプットの重要性についてあつかいました。そして，目標タスクを行っている会話をたくさん聞いて，場面や行動目標を意識することの重要性を述べました。モデル会話では，教科書に各課に一つというのが普通ですが，タスクベースの教授法では，目標タスクのモデルになるような会話を，もっとたくさん聞くことが重要です。また，ときには文字のインプットを与えることも必要でしょう。ですから，質と量の両方を考慮して，インプットを与えることが教室では必要だということです。

　さらに，学習過程については 5 つの原則が示されています。一つ目が「**帰納的**（チャンク）**学習を奨励**」することです。本章では，習得は**暗示的学習**メカニズムに依存して起きることを述べてきました。学習者がインプットを自ら分析していくプロセスを重視しているのです。学習者は，最初は単語など小さい**チャンク**（＝かたまり）で覚え，その内部を分析し，さらに句や文などのより大きなチャンクを認識できるようになり，さらに，その内部構造を分析していくというタイプの学習を行っています。したがって，教師が最初から規則などを提示するような教室指導ではなく，暗示的な学習を起こすような指導が求められます。

　学習過程の二つ目の原則は，「**Focus on Form**」すなわち，言語形式と意味／機能の同時処理を促進することです。これは，第 1 〜 4 節でも繰り返し述べてきたように，まずは，タスクの行われるコンテクストを意識し，インプットを十分受けて，コンテクストにおける意味を処理することが大切です。そこから，次第に言語形式にも注意が向くように教育的介入をすることで，言語形式と意味／機能の同時処理が可能になると考えられます。

　三つ目の原則の「**否定的フィードバック**の提供」は，Focus on Form とも関連しています。意味ある伝達活動をしている中で，誤りの訂正は，学習者の注意が言語形式に向くきっかけとなります。暗示的な指導を行うためには，**リキャスト**や**明確化要求**など，暗示的なフィードバックが有効だと考えられます。

　四つ目の原則に「『学習者のシラバス』／発達過程を尊重」するというのがあります。第 2 章第 1 節では，言語習得には第一言語にも第二言語にも共通の，普遍の発達段階があることを紹介しました。学習者のその時点の発達段階の一つ上の段階を目ざして教室指導をすると，学習者の言語発達を促進するとされています。一方で，ひとクラスの学習者全員が同じ発達段階にいるわけではないので，発達段階に合わせる難しさがあることも述べました。しかし，学習者中心で**ペアワーク**や**グループワーク**の中で学ぶ場合は，それぞれの学習者に合わせることも可能になると思います。

　学習過程の 5 つ目の原則は，「**協働／協力学習**の促進」です。第 4 節や第 6 節であつかいましたが，習得はインターアクションにおける**意味交渉**を通じて促進するとされています。そのために，**インフォメーションギャップ**のあるタスクをペア，またはグループで行うことが推奨されています。また，協働ダイアローグのように，学習者でテキストを再構築するような手法もあります。タスクベースの教授法は，学習者が中心となって能動的にタスクに関わることが重要だと考えられています。

　そして，もう一つ，学習者に関する原則があり，「インストラクションの個別化」があげられています。タスクのシラバスは，ニーズ分析に基づいて作成するとされていますし，学習者への個人差に配慮することが大切だとされています。たとえば，第 2 章第 6 章であつかったように，学習者には言語適性の構成要素によって，強み，弱みがあります。教室習得研究では，強みに合わせて教室指導を個別化することが推奨されています。日本語教育では，教室では最大公約数的な，習得を促進するとされる授業を行い，後で個人的に弱みを補うサポートをする方が現実的だと思います。**音韻処理能力**が弱い学習者には，発音に関する訓練を多く提供するとか，**言語分析能力**が弱い学習者には文法を丁寧に説明するなどが考えられると思います。

　これらの原則は，これまでの教室習得研究の知見に基づき提案されたもの

です。厳密にこれらに基づいた教科書というのは出版されていないように思いますが，現在使っている教科書の制約の中でも，できるところから小さな工夫を積み重ねていって，学習者の日本語習得をサポートできたらと思います。また，タスクベースの教授法は，教材の中に具現化できる部分だけでなく，教師の力量で授業のやり方により学習者の習得にインパクトを与えられる部分も大きいです。それぞれの活動のやり方や手順に，習得のプロセス上，どのような意味があるのかを理解した上で，実行していくことが大切だと思います。

- ●第二言語習得研究の知見を集約した「タスク・ベースの教授法」が提唱されている。
- ●行動目標が示されたタスクを達成することが言語学習のゴールになる。
- ●習得に必要な良質のインプットを与えることが重要である。
- ●暗示的な帰納学習を促進させる中で，タイミングを見計らって，言語形式にも学習者の注意を向けさせる工夫が必要である。
- ●インターアクションを重視し，協同学習が生まれる環境を教室に作り出すべきである。
- ●学習者には個人差があることを教師は常に配慮すべきである。

●参考文献●

飯高京子（2006）『文字言語習得につまずく子どもの鑑別診断と指導プログラム開発の
　基礎的・臨床的研究』平成 14〜17 年度科学研究費補助金（基盤研究（B）課題番号
　14310132）研究成果報告書

池田玲子・舘岡洋子（2007）『ピア・ラーニング入門―創造的な学びのデザインのため
　に』ひつじ書房

石黒圭（2018）『どうすれば協働学習がうまくいくか―失敗から学ぶピア・リーディング
　授業の科学』ココ出版

荻原雅佳子・増田眞佐子・齊藤眞理子・伊藤とく美（2005）『日本語上級話者への道―き
　ちんと伝える技術と表現』スリーエーネットワーク

奥村三菜子・櫻井直子・鈴木裕子 編（2016）『日本語教師のための CEFR』くろしお出版

門田修平（2006）『第二言語理解の認知メカニズム―英語の書きことばの処理と音韻の役
　割』くろしお出版

川人光男・銅谷賢治・春野雅彦（2002）「計算神経科学の挑戦―討論『脳と言語と心の科
　学―その研究アプローチを探る』」『科学』72（9），879–886.

甲田直美（2009）『文章を理解するとは―認知の仕組みから読解教育への応用まで』ス
　リーエーネットワーク

小林典子・フォード丹羽順子・髙橋純子・梅田泉・三宅和子（2017）『新・わくわく文法
　リスニング 100 ―耳で学ぶ日本語』凡人社

小柳かおる（1998）「条件文習得におけるインストラクションの効果」『第二言語としての
　日本語の習得研究』2, 1–26.

小柳かおる（2003）「日本語教育と SLA（第二言語習得）研究」『Sophia Linguistica』50,
　15–24.

小柳かおる（2004）『日本語教師のための新しい言語習得概論』スリーエーネットワーク

小柳かおる（2008）「第二の言語習得（SLA）から見た日本語教授法・教材―SLA の知見
　を教育現場に生かす」『第二言語としての日本語の習得研究』11, 23–41.

小柳かおる（2016a）「日本語に関する教室習得研究」小柳かおる・峯布由紀著『認知
　的アプローチから見た第二言語習得―日本語の文法習得と教室指導の効果』(pp.
　223–255）くろしお出版

小柳かおる（2016b）「第二言語習得における暗示的学習のメカニズム―用法基盤的アプ
　ローチと記憶のプロセス」『第二言語としての日本語の習得研究』19, 42–60.

小柳かおる（2016c）「教室指導の効果に関する教室習得研究」小柳かおる・峯布由紀著
　『認知的アプローチから見た第二言語習得―日本語の文法習得と教室指導の効果』
　(pp. 143–222）くろしお出版

小柳かおる（2018a）「個人差要因：言語適性」小柳かおる・向山陽子著『第二言語習得の
　普遍性と個別性―学習メカニズム・個人差から教授法へ』(pp. 29–83）くろしお出版

小柳かおる（2018b）「個人差要因：動機づけ」小柳かおる・向山陽子著『第二言語習得の
　普遍性と個別性―学習メカニズム・個人差から教授法へ』(pp. 145–195）くろしお出版

嶋田和子監修／できる日本語教材開発プロジェクト（2012）『できる日本語　初中級　本
　冊』アルク

椙本総子・宮谷敦美（2004）『聞いて覚える話し方　日本語生中継　中上級編』くろしお

出版

舘岡洋子（2005）『ひとりで読むことからピア・リーディングへ—日本語学習者の読解過程と対話的協働学習』東海大学出版会

舘岡洋子（2015）『協働で学ぶクリティカル・リーディング』ひつじ書房

筑波ランゲージグループ（1992）『Situational Functional Japanese 3: Notes』凡人社

中島和子（2005）「バイリンガル育成と 2 言語相互依存性」『第二言語としての日本語の習得研究』8, 135–166.

バトラー後藤裕子（2003）『多言語社会の言語文化教育』くろしお出版

堀場裕紀江（2002）「第 2 言語としての日本語リーディング研究の展望」『第二言語としての日本語の習得研究』5, 108–132.

牧野成一・鎌田修・山内博之・齊藤眞理子・荻原雅佳子・伊藤とく美・池崎美代子・中島和子（2001）『ACTFL OPI 入門』アルク

峯布由紀（2015）『第二言語としての日本語の発達過程—発話のための言語処理と思考の発達』ココ出版

箕浦康子（2003）『子供の異文化体験　増補改訂版』新思索社

向山陽子（2013）『第二言語習得における言語適性の役割』ココ出版

李美静（2006）「在日台湾人子どもの読解力の測定—中国語母語話者と日本語母語話者の読解力を比較分析する」『世界の日本語教育』16, 19–33.

山内博之（2014）『新版　ロールプレイで学ぶ中級から上級への日本語会話』アルク

山内博之（2009）『プロフィシェンシーから見た日本語教育文法』ひつじ書房

Adams, R., Nuevo, A. M., & Egi, T. (2011). Explicit and implicit feedback, modified output and SLA: Does explicit and implicit feedback promote learning and learner-learner interactions? *Modern Language Journal*, *95*, Supplement 1, 42–63

Bachman, L.F. (1990). *Fundamental considerations in language testing*. Oxford, UK: Oxford University Press.

Brown, R. (1973). *A first language: The early stages*. Cambridge, MA: Harvard University Press.

Bygate, M. (2001). Effects of task repetition on the structure and control of oral language. In M. Bygate, P. Skehan, & M. Swain (Eds.), *Researching pedagogic tasks: Second language learning, teaching and testing* (pp. 23–48). Harlow, UK: Pearson Education.

Cameron, J., & Epling, W. F. (1989). Successful problem solving as a function of interaction style for non-native students of English. *Applied Linguistics*, *11*, 392–406.

Canale, M., & Swain, M. (1980). Theoretical bases of communicative approaches to second language teaching and testing. *Applied Linguistics*, *1*, 1–47.

Chamot, A. U., Barnhart, S., El-Dinary, P. B., & Robbins, J. (1999). *The learning strategies handbook*. White Plains, NY: Longman.

Chaudron, C., Doughty, C. J., Kim, Y., Kong, D., Lee, J., Lee, Y., Long, M. H., Rivers, R., & Urano, K. (2005). A task-based needs analysis of a tertiary Korean as a foreign language program. In M. H. Long (Ed.), *Second language needs analysis* (pp. 25–261). Cambridge, UK: Cambridge University Press.

Crookes, G. (1989). Planning and interlanguage variation. *Studies in Second Language Acquisition*, *11*, 367–383.

Cummins, J. (1980). Cross-linguistic dimensions of language proficiency: Implications for bilingual education and the optimal age issues. *TESOL Quarterly*, *14*, 81–103.

Cummins, J. (1981). *Bilingualism and minority language children*. Tronto: Ontario Institute for Studies in Education.

Deci, E. L., & Ryan, R. M. (1985). *Intrinsic motivation and self-determination in human behavior*. New York: Plenum.

de Graaff , R. (1997). The Experanto experiment: Effects of explicit instruction on second language acquisition. *Studies in Second Language Acquisition*, *19*, 249–276.

DeKeyser, R. M. (1995). Learning second language grammar rules: An experiment with a miniature linguitic system. *Studies in Second Language Acquisition*, *17*, 379–410.

DeKeyser, R. M. (1997). Beyond explicit rule learning: Automatizing second language morphosyntax. *Studies in Second Language Acquisition*, *19*, 195–221.

DeKeyser, R. M. (2001). Automaticity and automatization. In P. Robinson (Ed.), *Cognition and second language instruction* (pp. 125–151). Cambridge, UK: Cambridge University Press.

DeKeyser, R. M. (2007). *Practice in a second language: Perspectives from applied linguistics and cognitive psychology*. Cambridge, UK: Cambridge University Press.

Dörnyei, Z. (1994a). Understanding second language motivation: On with the challenge! *Modern Language Journal*, *78*, 515–523.

Dörnyei, Z. (1994b). Motivation and motivating in the foreign language classroom. *Modern Language Journal*, *78*, 273–284.

Dörnyei, Z. (2001). *Motivational strategies in the language classroom*. Cambridge, UK: Cambridge University Press.

Dörnyei, Z. (2002). The motivational basis of language learning tasks. In P. Robinson (Ed.), *Individual differences and instructed language learning* (pp. 137–157). Amsterdam: John Benjamins.

Dörnyei, Z. (2005). *The psychology of the language learner: Individual differences in second language acquisition*. Mahwah, NJ: Lawrence Erlbaum.

Doughty, C. (2001). Cognitive underpinnings of focus on form. In P. Robinson (Ed.), *Cognition and second language instruction* (pp. 206–286), Cambridge, UK: Cambridge University Press.

Doughty, C. J. (2003). Instructed SLA: Constraints, compensation, and enhancement. In C. J. Doughty & M. H. Long (Eds.), *The handbook of second language acquisition* (pp. 256–310). Malden, MA: Blackwell.

Doughty, C. J. (2014). Assessing aptitude. In A. J. Kunnan (Ed.), *The companion to language assessment, Vol.2* (pp. 23–46). Oxford, UK: Wiley-Blackwell.

Doughty, C., & Long, M. H. (2003). Optimal psycholinguistic environments for distance foreign language learning. *Language, Learning & Technology*, *7*, 55–80.

Doughty, C., & Varela, E. (1998). Communicative focus on form. In C. Doughty & J. Williams (Eds.), *Focus on form in classroom second language acquisition* (pp. 114–138). New York: Cambridge University Press.

Doughty, C., & Williams, J. (1998). *Focus on form in classsroom second language acquisition*.

Cambridge, UK: Cambridge University Press.

Dulay, H., Burt, M., & Krashen, S. (1982). *Language two*. New York: Oxford University Press.

Ellis, N. C. (1996). Sequencing in SLA: Phonological memory, chunking, and points of order. *Studies in Second Language Acquisition, 18*, 91–126.

Ellis, N. C. (2001). Memory for language. In P. Robinson (Ed.), *Cognition and second language instruction* (pp. 33–68). Cambridge, UK: Cambridge University Press.

Ellis, N. C. (2002). Frequency effects in language processing: A review with implication for theories of implicit and explicit language acquisition, *Studies in Second Language Acquisition, 24*, 143–188.

Ellis, N. C. (2003). Constructions, chunking, and connectionism: The emergence of second language structure. In C. J. Doughty & M. H. Long (Eds.), *The handbook of second language acquisition* (pp. 63–103). Malden, MA: Blackwell.

Ellis, N. C. (2015). Implicit AND explicit language learning: Their dynamic interface and complexity. In P. Rebuschat (Ed.), *Implicit and explicit learning of languages* (pp. 3–23). Amsterdam/Philadelphia: John Benjamins.

Ellis, N. C., & Wulff, S. (2014). Usage-based approaches to SLA. In B. VanPatten & J. Wiiliams (Eds.), *Theories in second language acquisition: Introduction, 2nd edition* (pp. 75–98). New York: Routledge.

Ellis, R. (2003). *Task-based language learning and teaching*. Oxford, UK: Oxford University Press.

Ellis, R., & Barkhuizen, G. (2005). *Analysing learner language*. Oxford, UK: Oxford University Press.

Foster, P., & Skehan, P. (1996). The influence of planning and task types on second language performance. *Studies in Second Language Acquisition, 18*, 299–324.

Foster, P., Tonkyn, A., & Wiggleworth, C. (2000). Measuring spoken language: A unit for all reasons. *Applied Linguistics, 21*, 354–375.

Gardner, H. (1983). *Frames of mind: The theory of multiple intelligences*. New York: Basic Books.

Gardner, R. C. (1985). *Social psychology and second language learning: The role of attitudes and motivation*. London, UK: Edward Arnold.

Gardner, R. C. (2010). *Motivation and second language acquisition: The socio-educational model*. New York: Peter Lang.

Gass, S. M. (1997). *Input, interaction, and the second language learner*. Mahwah, NJ: Lawrence Erlbaum Associates.

Goo, J., & Mackey, A. (2013). The case against the case against recasts. *Studies in Second Language Acquisition, 35*, 127–165.

Gass, S. M., Mackey, A., & Ross-Feldman, L. (2005). Task-based interactions in classroom and laboratory settings. *Language Learning, 55*, 575–611.

Gass, S. M., & Selinker, L. (2001). *Second language acquisition: An introductory course*. 2nd ed. Mahwah, NJ: Lawrence Erlbaum Associates.

Goleman, D. (1995). *Emotional intelligence*. New York: Bantam Books.

Granena, G. (2013). Individual differences in sequence learning ability and second language acquisition in early childhood and adulthood. *Language Learning, 63*, 665–703.

Grigorenko, E. L., Sternberg, R. J., & Ehrman, M. E. (2000). A theory-based approach to the measurement of foreign language learning ability: The CANAL-FT theory and test. *Modern Language Journal, 84*, 309–405.

Guilloteaux, M. J., & Dörnyei, Z. (2008). Motivating language learners: A classroom-oriented investigation of the effects of motivational strategies on student motivation. *TESOL Quarterly, 42*, 55–77.

Hulstijn, J. H. (2002). Toward a unified account of the representation, processing and acquisition of second language knowledge. *Second Language Research, 18*, 193–223.

Inaba, M. (1993). Subset Principle vs. Transfer Hypothesis: Can L2 learners disconfirm superset grammar without evidence? *JACET Bulletin, 23*, 37–56.

Jourdenais, R., Ota, M., Stauffer, S., Boyson, B. & Doughty, C. (1995). Does textual enhancement promote noticing? A think-aloud protocol analysis. In R. Schmidt (Ed.), *Attention and awareness in foreign language learning* (pp. 183–216). Honolulu: University of Hawaii at Manoa, Second Language Teaching & Curriculum Center.

Kanagy, R. (1994). Developmental sequences in acquiring Japanese negation in L1 and L2. In F. Fujimura, Y. Kato, M. Leong, & R. Uehara (Eds.), *Proceedings of the 5th conference on second language research in Japan* (pp. 109–126). International University of Japan.

Keck, C. M., Iberri-Shea, G., Tracy-Ventura, N., & Wa-Mbaleka, S. (2006). Investigating the empirical link between task-based interaction and acquisition: A meta-analysis. In J. M. Norris & L. Ortega (Eds.), *Synthesizing research on language learning and teaching* (pp. 91–131). Amsterdam/Philadelphia: John Benjamins.

Kellerman, E. (1985). If at first you do succeed. In S. M. Gass & C. Madden (Eds.), *Input in second language acquisition* (pp. 345–353). Rowley, MA: Newbury House.

Kowal, M., & Swain, M. (1994). From semantic to syntactic processing. How can we promote it in the immersion classroom? In R. K. Johnson & M. Swain (Eds.), 1994: I*mmersion Education: International Perspectives.* (manuscripts) OISE, Toronto.

Koyanagi, K. (1999). Differential effects of focus on form vs. focus on forms.『第 10 回 国際大学第二言語習得研究学会論文集』(pp. 1–31)

Krashen, S. (1977). The monitor model for adult second language performance. In M. Burt, H. Dulay & M. Finocchiaro (Eds.), *Viewpoints on English as a second language* (pp. 152–161). New York: Regents.

Krashen, S. (1980). The input hypothesis. In J. Alatis (Ed.), *Current issues in bilingual education* (pp. 168–180). Washington, DC: Georgetown University Press.

Krashen, S., Long, M. H., & Scarcella , R. (1979). Age, rate, and eventual attainment in second language acquisition. *TESOL Quarterly, 13*, 573–582.

Lambert, C., Kormos, J., & Minn, D. (2017). Task repetition and second language speech processing. *Studies in Second Language Acquisition, 39*, 167–196.

Lantolf, J. P. (2000a). *Sociocultural theory and second language learning.* Oxford, UK:

Oxford University Press.

Landolf, J. P. (2000b). Second language learning as a mediated process. *Language Teaching, 33,* 79–96.

Larsen-Freeman, D. (2009). Adjusting expectations: The study of complexity, accuracy, and fluency in second language acquisition. *Applied Linguistics, 30,* 579–589.

Leeman, J., Arteagoitia, I., Fridman, B. & Doughty, C. (1995). Integrating attention to form with meaning: Focus on form in content-based Spanish instruction. In R. Schmidt (Ed.), *Attention and awareness in foreign language learning.* (pp. 215–258). Honolulu: University of Hawaii at Manoa, Second Language Teaching & Curriculum Center.

Lenneberg, E. (1967). *Biological foundations of language.* New York: Wiley.

Levelt, W. J. M. (1989). *Speaking: From intention to articulation.* Cambridge, UK: MIT press.

Levelt, W. J. M. (1993). Language use in normal speakers and its disorders. In G. Blanken, J. Dittmann, H. Grimm, J. C. Marshall & C-W. Wallesch (Eds.), *Linguistic disorders and pathologies* (pp. 1–15). Berlin: deGruyter.

Logan, G. D. (1988). Toward an instance theory of automatization. *Psychological Review, 95,* 492–527

Long, M. H. (1981). Input, interaction and second language acquisition. In H. Winitz (Ed.), *Native Language and Foreign Language Acquisition, Annual of the New York Academy of Science, 379,* 259–278.

Long, M. H. (1985). A role for instruction in second language acquisition: Task-based language teaching. In K. Hyltenstam, & M. Pienemann (Eds.), *Modeling and assessing second language acquisition* (pp. 77–99). Clevedon, UK: Multilingual Matters.

Long, M. H. (1988). Instructed interlanguage development. In L. Beebe (Ed.), *Issues in second language acquisition: Multiple perspectives* (pp. 115–141). Cambridge, MA: Newbury House.

Long, M. H. (1991). Focus on form: A designing feature in language teaching methodology. In K. de Bot, D. Coste, C. Kramsch, & R. Ginsberg (Eds.), *Foreign language research in crosscultural perspective* (pp. 39–52). Amsterdan/Philadelphia: John Benjamins.

Long, M. H. (1996). The role of the linguistic environment in second language acquisition. In W. C. Ritchie & T. K. Bhatia (Eds.), *Handbook of second language acquisition* (pp. 413–468). San Diego, CA: Academic Press.

Long, M. H. (2015). *Second language acquisition and task-based language teaching.* Malden, MA: John Wiley and Sons.

Long M. H., & Robinson, P. (1998). Focus on form: Theory, research, and practice. In C. Doughty & J. Williams (Eds.), *Focus on form in classroom second language acquisition* (pp. 15–41). New York: Cambridge University Press.

Loschky, L., & Bley-Vroman, R. (1993). Grammar and task-based methodology. In G. Grookes (Ed.), *Tasks and language learning: Integrating theory and practice* (pp. 123–167). Clevedon: Multilingual Matters.

Lyster, R. (1998). Recasts, repetition, and ambiguity in L2 classroom discourse. *Studies in Second Language Acquisition, 20,* 51–81.

Lyster, R. (2004). Differential effects of prompts and recasts in form-focused instruction.

Studies in Second Language Acquisition, 26, 399–432.

Lyster, R, & Ranta, L. (1997). Corrective feedback and learner uptake: Negotiation of form in communicative classrooms. *Studies in Second Language Acquisition, 19,* 37–66.

Mackey, A., & Goo, J. (2007). Interaction research in SLA: A meta-analysis and research synthesis. In A. Mackey (Ed.), *Conversational interaction in second language acquisition: A collection of empirical studies* (pp. 407–452). Oxford, UK: Oxford University Press.

MacIntyre, P. D., & Gardner, R. C. (1991). Language anxiety: its relationship to other anxieities and to processing in native and second languages. *Language Learning, 41,* 513–534.

McDonough, K. (2006). Interaction and syntactic priming: English L2 speakers' production of dative constructions. *Studies in Second Language Acquisition, 28,* 179–207.

McDonough, K. (2007). Interactional feedback and the emergence of simple past activity verbs in L2 English. In A. Mackey (Ed.), *Conversational interaction in second language acquisition: A collection of empirical studies* (pp. 323–338). Oxford, UK: Oxford University Press.

McDonough, K., & Mackey, A. (2006). Responses to recasts: Repetitions, primed production, and linguistic environment. *Language Learning, 56,* 693–720.

Mehnert, U. (1998). The effects of different lengths of time for planning on second language performance. *Studies in Second Language Acquisition, 20,* 52–83.

Moroishi, M. (1999). Explicit vs. Implicit learning: Acquisition of the Japanese conjectural auxiliaries under explicit and implicit conditions. In N. O. Jungheim and Peter Robinson (eds.) *Pragmatics and Pedagogy: Proceedings of the 3rd Pacific Second Language Research Forum, Vol.2,* 217–230. Tokyo: PacSLRF.

Morris, C. D., Bransford, J. D., & Franks, J. J. (1977). Levels of processing versus transfer appropriate processing. *Journal of Verbal Learning and Verbal Behavior, 16,* 519–533.

Newell, A. (1990). *Unified theories of cognition.* Cambrdge, MA: Harvard University Press.

Norris, J. M., & Ortega, L. (2000). Effectiveness of L2 instruction: A research synthesis and quantitative meta-analysis. *Language Learning, 50,* 417–528.

O'Malley, M., & Chamot, A. U. (1990). *Leaning strategies in second language acquisition.* Cambridge, UK: Cambridge University Press.

Ortega, L. (2005). What do learners plan? Learner-driven attention to form during pre-task planning. In R. Ellis (Ed.), *Planning and task performance in a second language* (pp. 77–109). Amsterdam/Philadelphia: John Benjamins.

Oxford , R. (1990). *Language learning strategies: What every teacher should know.* Rowley, MA: Newbury House.

Pallotti, G. (2009). CAF: Defining, refining and differentiating constructs. *Applied Linguistics, 30,* 590–601.

Pang, F., & Skehan, P. (2014). Self-reported planning behavior and second language performance in narrative retelling. In P. Skehan (Ed.), *Processing perspectives on task performance* (pp. 96–127). Amsterdam/Philadelphia: John Benjamins.

Panova, I., & Lyster, R. (2002). Patterns of corrective feedback and uptake in an adult ELS classroom. *TESOL Quarterly, 36*, 573–595.

Pica, T. (1983). Adult acquisition of English as a second language under different conditions of exposure. *Language Learning, 33*, 465–497.

Pica, T. (1984). Methods of morpheme quantification: Their effect on the interpretation of second language data. *Studies in Second Language Acquisition, 6*, 69–78.

Pica, T., Kanagy, R., & Falodun, J. (1993). Choosing and using communicsyion tasks for second language instruction and research. In G. Crookes & S. M. Gass (Eds.), *Tasks and language learning: Integrating theory and practice* (pp. 9–34). Clevedon, UK: Multilingual Maatters.

Pienemann, M. (1989). Is language teachable: Psycholinguistic experiments and hypotheses. *Applied Linguistics, 10*, 52–79.

Pienemann, M. (1998). *Language processing and second language development: Processability theory.* Amsterdam/Philadelphia: John Benjamins.

Pienemann, M., & Johnston, M. (1987). Factors influencing the development of language proficiency. In D. Nunan (Ed.), *Applying second language acquisition research.* (pp. 45–141). Adelaide, Australia: National Curriculum Resource Center, Adult Migrant Education Program.

Pienemann, M., Johnston, M., & Brindley, G. (1988). Constructing an acquisition-based procedure for second language assessment. *Studies in Second Language Acquisition, 10*, 217–243.

Porter, P. A. (1986). How learners talk to each other: Input and interaction in task-centered discussions. In R. Day (Ed), *Talking to learn: Conversation in second language acquisition* (pp. 200–222). Rowley, MA: Newbury House.

Révész, A., Ekiept, M., & Torgersen, E. N. (2016). The effects of complexity, accuracy, and fluency on communicative adequacy in oral task performance. *Applied Linguistics, 37*, 828–848.

Robinson, P. (1997). Generalizability and automaticity of second language learning under implicit, incidental, enhanced, and instructed conditions. *Studies in Second Language Acquisition, 19*, 223–247.

Robinson, P. (2001). Task complexity, task difficulty, and task production: Exploring interactions in a componental framework. *Applied Linguistics, 22*, 27–57.

Robinson, P. (2002). Learning conditions, aptitude complexes and SLA: A framework for research and pedagogy. In P. Robinson (Ed.), *Individual differences and second language learning* (pp. 112–131). Amsterdam/Philadelphia: John Benjamins.

Robinson, P. (2005). Cognitive complexity and task sequencing: A review of studies in a Componental Framework for second language task design. *International Review of Applied Linguistics, 43*, 1–32.

Robinson, P. (2007). Task complexity, theory of mind, and intentional reasoning: Effects on speech production, interaction, uptake and perceptions of task difficulty. *International Review of Applied Linguistics, 45*, 193–214.

Robinson, P. (2011). Second language task complexity, the Cognition Hypothesis, language learning and performance. In P. Robinson (Ed.), *Second language task complexity: Researching the Cognition Hypothesis of language learning and performance* (pp. 3–37). Amsterdam/Philadelphia: John Benjamins.

Roehr-Brackin (2015). Explicit knowledge about language in L2 learning: A usage-based perspective. In P. Rebuschat (Ed.), *Implicit and explicit learning of languages* (pp. 117–138). Amsterdam/Philadelphia: John Benjamins.

Sawyer, M., & Ranta, L. (2001). Aptitude, individual differences and L2 instruction In P. Robinson (Ed.), *Cognition and instructed second language instruction* (pp 319–353). Cambridge, UK: Cambridge University Press.

Schmidt, R. W. (1992). Psychological mechanisms underlying second language fluency. *Studies in Second Language Acquisition, 14*, 357–385.

Seliger, H. W. (1978). Implications of a multiple critical periods hypothesis for second language learning. In W. Ritchie (Ed.), *Second language acquisition research* (pp. 11–19). New York: Academic Press.

Skehan (1986). Cluster analysis and the identification of learner types. In V. Cook (ed.), *Experimental approaches to second language learning* (pp. 81–94). Oxford: Pergamon.

Skehan, P. (1989). *Individual differences in second language learning*. London, UK: Arnold.

Skehan, P. (1998). *A cognitive approach to language learning*. Oxford, UK: Oxford University Press.

Snow, R. E. (1987). Aptitude complexes. In R. E. Snow & M. J. Farr (Eds.), *Aptitude, learning, and instruction* (pp. 11–34). Hillsdale, NJ: Lawrence Erlbaum.

Sparks, R. L, Patton, J., Ganschow, L., Humbach, N., & Javorsky, J. (2006). Native language predictors of foreign language proficiency and foreign language aptitude. *Annals of Dyslexia, 56*, 129–160.

Sparks, R. L, Patton, J., Ganschow, L., Humbach, N., & Javorsky, J. (2008). Early first-language reading and spelling skills predicts later second-language reading and spelling skills. *Journal of Educational Psychology, 100*, 162–174.

Sparks, R. L, Patton, J., Ganschow, L., & Humbach, N. (2009). Long-term crosslinguistic transfer of skills from L1 to L2. *Language Learning, 59*, 203–243.

Sparks, R. L, Patton, J., Ganschow, L., & Humbach, N. (2011). Subcomponents of second-language aptitude and second-language proficiency. *Modern Language Journal, 95*, 253–273.

Sternberg, R. J. (1997). What does it mean to be smart? *Educational Leadership, 54*, 6, 20–24.

Sternberg, R. J., & Grigorenko, E. L. (2002). *Dynamic testing: The nature and measurement of learning potential*. Cambridge, UK: Cambridge University Press.

Swain, M. (1985). Communicative competence: some roles of comprehensible input and comprehensible output in its development. In S. M. Gass & C. Madden (Eds.), *Input in second language acquisition* (pp. 235–253). Rowley, MA: Newbury House.

Swain, M. (1993). The output hypothesis: Just speaking and writing aren't enough. *Canadian Modern Language Review, 50*, 158–164.

Swain, M. (2000). The output hypothesis and beyond: Mediating acquisition through collaborative dialogue. In J. P. Lantolf (Ed.), *Sociocultural theory and second language learning* (pp. 97–114). Oxford, UK: Oxford University Press.

Swain, M., & Lapkin, S. (1995). Problems in output and the cognitive processes they generate: A step towards second language learning. *Applied Linguistics, 16*, 371–391.

Tarone, E., & Bigelow, M. (2004). The role of literacy level in second language acquisition: Doesn't who we study determine what we know? *TESOL Quarterly, 36*, 689–700.

Tarone, E., & Bigelow, M. (2005). Impact of literacy on oral language processing: Implications for second language acquisition research. *Annual Review of Applied Linguistics, 25*, 77–97.

Thompson, A. S. (2013). The interface of language aptitude and multilingualism: Reconsidering the bilingual/multilingual dichotomy. *Modern Language Journal, 97*, 685–701.

Tomasello, M. (1992). *First verbs: A case study of early grammatical development.* Cambridge, UK: Cambridge University Press.

Tomlin, R., & Villa, B. (1994). Attention in cognitive science and second language acquisition. *Studies in Second Language Acquisition, 16*, 183–204.

Tremblay, P. F., Goldberg, M. P., & Gardner, R. C. (1995). Trait and state motivation and the acquisition of Hebrew vocabulary. *Canadian Journal of Behavioral Science, 27*, 356–370.

VanPatten, B. (1996). *Input processing and grammar instruction: Theory and research.* Norwood, NJ: Ablex.

VanPatten, B. (2002). Processing instruction: An update. *Language Learning, 52*, 755–803.

Vercellotti, M. L. (2017). The development of complexity, accuracy, and fluency in second language performance: A longitudinal study. *Applied Linguistics, 38*, 90–111.

Wei, M. M. (2002). Recasts, noticing, and error types: Japanese learners' perception of corrective feedback.『第二言語としての日本語の習得研究』5, 24–41.

White, L. (1987). Against comprehensible input: The input hypothesis and the development of second language competence. *Applied Linguistics, 8*, 95–110.

Yano, Y., Long, M. H., & Ross, S. (1994). The effects of simplified and elaborated texts on foreign language reading comprehension. *Language Learning, 44*, 189–219.

You, C., Dörnyei, Z., & Csizér, K. (2016). Motivation, vision, and gender: A survey of learners of English in China. *Language Learning, 66*, 94–123.

Young, J., & Nakajima-Okano, K. (1984). *Learn Japanese: New college text Vol.1.* Honolulu: University of Hawaii Press.

Yule, G., & MacDonald, D. (1990). Resolving referential conflicts in L2 interaction: The effect of proficiency and interactive role. *Language Learning, 40*, 539–556.

●索　引●

A

Can-dos 87

CEFR 88, 120

Focus on Form 78, 84, 137, 154

Focus on FormS 78

Focus on Meaning 77

JF スタンダード 89

L2 動機づけの自己システム 62

あ

アウトプット 6, 12, 104, 143

アウトプット仮説 105

暗示的 10

暗示的学習 10, 18, 47, 80, 91, 134,
　　144, 154

暗示的知識 10, 76, 92

イマージョン 104

イマージョン教育 78

意味交渉 13, 123, 155

インターアクション仮説 104

インテイク 13, 100

インフォメーションギャップ 124,
　　155

インプット 6, 12, 98, 104, 143, 153

インプット仮説 104

インプット強化 94, 103

インプット洪水 103

インプット処理指導 100

演繹的 113

オーディオリンガル 78, 86, 127

音韻意識 50, 70, 144

音韻処理能力 50, 69, 143, 155

音韻的短期記憶 46

音韻符号化能力 45

か

外向的 72

外発的動機づけ 56

会話的調整 13

学習言語 68

学習スタイル 73

学習ストラテジー 73

確認チェック 13

化石化 34

仮説検証 13

記憶 45

気づき 12, 93, 130

帰納的 113, 154

基本的対人伝達能力 67

義務的自己 62

教育的タスク 119, 153

教室習得 24

教室習得環境 25, 77

教授可能性仮説 28

協働ダイアローグ 107

共有基底言語モデル 68

強要アウトプット 106, 130

グループワーク 123, 155

言語運用 2

言語運用能力 2

言語関連エピソード 107

言語産出 6

言語処理 6

言語適性 44, 49

言語テスティング 16

言語転移 36

言語能力 2

言語不安 73

言語分析能力 45, 155

言語理解 7

肯定証拠 13, 37, 127

行動主義 35

行動中心アプローチ 89

行動目標 90, 91, 99, 119, 153

コミュニカティブ・アプローチ 2,
　　79, 98, 123

誤用 31

混合環境 25

さ

最近接発達領域 108

再構築 14, 135

作動記憶 13, 46, 52, 145

シークエンス学習能力 48

自己決定理論 56, 62

自己調整ストラテジー 62

自然習得 24

自然習得環境 25, 77

実行的動機づけ 59

自動化 14, 135

社会教育的モデル 54

社会情意的ストラテジー 74

社会文化理論 107

習得／学習仮説 76

状況的動機づけ 57

心的表象 12

性格 72

正確さ 5, 140

生活言語 68

正の転移 35

宣言的記憶 67, 134

宣言的知識 8, 76, 92

選択的動機づけ 59

た

対照分析 35

タスク 89, 91, 99, 118, 153

タスク・ベースの教授法 89

脱定着化 34

知性 41

チャンキング 134

チャンク 135, 154

強いインターフェース 93

訂正フィードバック 128

定着化 34

適性処遇交互作用 52

適切さ 137

手続き的記憶 67

手続き的知識 8, 76, 92

転移適切性処理の原理 17, 80, 93, 111

伝達意図 6

伝達能力 2

動機減退 59

動機づけ 54

道具的動機づけ 54

統合的アプローチ 79

統合的動機づけ 54

特性的動機づけ 57

トップダウン処理 148

な

内向的 72

内発的動機づけ 56

ナチュラル・アプローチ 78, 104, 127

認知学力的言語能力 67

認知ストラテジー 74

認知的複雑さ 136

認知比較 14

ノン・インターフェース仮説 76

は

場依存型 73

波及効果 17

場独立型 73

反復要求 106

ピア・ライティング 150

ピア・リーディング 147

否定証拠 13, 37, 127

否定的フィードバック 128, 155

敏感期 66

フィードバック 127, 150

複雑さ 5, 140

負の転移 35

プライミング 130

プライミング効果 130

プランニング 136, 137

分析的アプローチ 79, 99, 115

文法訳読法 78

ペアワーク 123, 155

母語の干渉 35

ボトムアップ処理 148

ま

マッピング 10

無動機 56

明確化要求 13, 106, 130, 155

明示的 10

明示的学習 18, 80, 91, 134

明示的の指導 96

明示的知識 76, 92

メタ言語的知識 8, 94

メタ認知ストラテジー 74

目標タスク 119, 153

モデル会話 85

モニター理論 76

や

誘導 130

用法基盤的アプローチ 11

ヨーロッパ言語共通参照枠 88

弱いインターフェース 93

ら

理解可能なアウトプット 105

理解可能なインプット 98, 104, 153

理解チェック 13

リキャスト 128, 155

リスク・テイキング 73

理想的自己 ˋ62

流暢さ 5, 140

臨界期 65

臨界期仮説 65

ロールプレイ 86

小柳かおる

福岡県出身。ジョージタウン大学にて博士号（言語学）取得。
(社) 国際日本語普及協会 (AJALT)，アメリカ国際経営大学院，
ジョージタウン大学等の日本語講師。上智大学比較文化学部
（現 国際教養学部）助教授などを経て，現在，上智大学言語教
育研究センター／大学院言語科学研究科教授。2018年9月か
ら2019年8月まで，フランス国立東洋言語文化大学 (INALCO)
日本学研究センター特別招聘研究員。
著書に『改訂版　日本語教師のための新しい言語習得概論』（単
著，スリーエーネットワーク，2021）（単著，スリーエーネッ
トワーク，2004），『認知的アプローチから見た第二の言語習得
（峯布由紀氏との共著，くろしお出版，2016），『第二言語習得の
普遍性と個別性』（向山陽子氏との共著，くろしお出版，2018）
など。

第二言語習得について
日本語教師が知っておくべきこと

初版第1刷 ——— 2020年 3月30日
　　第3刷 ——— 2024年10月30日

著　者 ———— 小柳 かおる

発行人 ———— 岡野 秀夫

発行所 ———— 株式会社くろしお出版
　　　　　　　〒102-0084　東京都千代田区二番町4−3
　　　　　　　tel 03-6261-2867　fax 03-6261-2879　www.9640.jp

印刷・製本 三秀舎　装 丁 仁井谷伴子　装 画 友田厚子

©KOYANAGI Kaoru, 2020
Printed in Japan

ISBN 978-4-87424-831-7 C1081